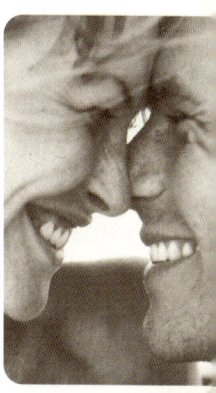

*Ein großes Dankeschön
an unsere Tochter Sarah (22),
die uns half, die Interviews
für dieses Buch durchzuführen.*

Annegret Weikert / Wolfgang Weikert

Rabenmütter haben die glücklicheren Kinder

Schluss mit dem Schuldkomplex!

Inhalt

**Kinder, Küche oder Karriere? –
Berufstätigkeit und Kindererziehung** 7
Berufstätige Mütter im Dauerstress? 8
Wie können berufstätige Frauen zufriedener werden? 10

Kindererziehung – setzen Sie Ihren Mutterinstinkt ein 17
Muttermilch oder Milupa? – Wenn die Kinder klein sind 19
Vom Kinderzimmer in den Kindergarten:
   Mein Kind wird selbstständig 41
Schule, Hausaufgaben, Klassenarbeiten:
   Stress für Eltern und Kinder? 51
Erziehungsprobleme in der Pubertät - wenn die Hormone tanzen 55

**Haushaltsführung – so finden berufstätige Frauen
   mehr Zeit für sich selbst** 63
Wünsche, Träume, Kompromisse:
   Verwirklichen Sie Ihre Vorstellungen von Arbeitsteilung 64
Die perfekte Putzfrau – können Sie auch einmal den Dreck
   liegen lassen? 70
Kinder und Hausarbeit: Arbeitsteilung mit Ihren Kindern 72

**Freizeit, Geld oder Liebe –
   was ist in Ihrer Beziehung wichtig?** 77
Wenn der Alltag Sie auffrisst 78
Das liebe Geld: Wer bestimmt bei Ihnen, wie damit
   umgegangen wird? 82
Liebe und Leidenschaft, Nähe und Intimität: ein Traum? 85

Wenn Mütter berufstätig sein wollen: Beruf, Nebenjob oder Karriere? 91
Trotz Kindern berufstätig 93
Der Nebenjob – etwas für Sie? 97
Vollzeitarbeit – könnte das etwas für Sie sein? 101
Karriere im Beruf – worauf sollten Sie achten? 106

Tipps für die allein erziehende Mutter – was ist bei ihr anders? 115
Alles auf einmal? – Der Alltag der allein erziehenden Mutter mit Kind 116
Trennung und Scheidung – wie Mutter und Kind damit umgehen können 117
Der Haushalt der Alleinerziehenden – Überforderungen vermeiden 122
Ein neuer Partner? – Worauf allein erziehende Mütter achten sollten 124
Neue Chancen im Beruf – Vollzeit, Teilzeit oder gar nicht? 125

Sachregister 127
Impressum 128

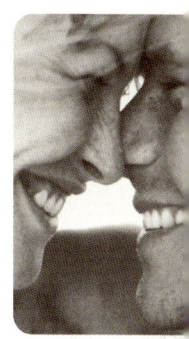

Kinder, Küche oder Karriere? – Berufstätigkeit und Kindererziehung

Kinder, Küche oder Karriere? – Berufstätigkeit und Kindererziehung

Gehören Sie auch zu den Frauen, die sich Tag für Tag aufs Neue bemühen, ihren schwierigen Alltag zu bewältigen? Sie versuchen eine Vielzahl von verschiedenen Aufgaben unter einen Hut zu bringen. Sie reiben sich für die Familie auf, kümmern sich um die Kinder, den Haushalt, die Partnerschaft und sind »ganz nebenbei« auch noch berufstätig.

Berufstätige Mütter im Dauerstress?

Bei der Arbeit an diesem Buch sprachen wir mit vielen Frauen, Männern und Kindern. Ihre Berichte erinnerten uns manchmal an das Bild eines Hamsterkäfigs, in dem Mutter Hamster eifrig im Laufrad läuft und es zum Drehen bringt, während Papa Hamster im Käfig herumstromert und die lieben Kleinen um die beste Möhre streiten.

So wie die kleine Hamsterfrau im Laufrad versuchen viele Mütter täglich den Spagat zwischen Wickeltisch und Computer, zwischen Baby und Büro. Andere glauben gar, ganz für ihre Kinder da sein zu müssen, und verzichten deswegen auf eine eigene Berufstätigkeit.

Wir haben uns bei den Recherchen zu diesem Buch auch gefragt: Müssen Mütter eigentlich alles allein machen? Sind sie für alles zuständig? Macht dies Los sie glücklich? Und ge-

Die Verbindung von Kindern und Beruf ist eine Herausforderung, die nicht unterschätzt werden darf.

meinsam mit den Müttern fragten wir uns: Müssen Frauen denn immer noch perfekter werden, um mit sich selbst zufrieden sein zu können? Müssen sie eine immer noch bessere Mutter werden, um die Entwicklung ihrer Kinder wirklich optimal zu fördern?

Die Vorstellung von der perfekten Mutter ist eine Illusion.

Die Antwort lautet: Nein! Wir fanden bei unseren Gesprächen heraus, dass Mütter alles haben, was sie brauchen. Sie machen vieles richtig und sind auf dem richtigen Weg. Allerdings haben sie häufig bei all ihren Bestrebungen, das Beste für ihr Kind zu wollen, etwas Wichtiges aus dem Blick verloren: sich selbst!

Achtung: Dieses Buch ist anders!

Bevor Sie weiterlesen, möchten wir Sie warnen. Dieses Buch ist anders als andere Bücher, die Sie bis jetzt zum Thema der berufstätigen Mütter oder zur Kindererziehung gelesen haben. Wir möchten Ihnen keine guten Ratschläge erteilen, wie Sie eine noch bessere Mutter, eine noch bessere Ehefrau oder Lebenspartnerin, eine noch bessere Hausfrau oder gar eine noch bessere Karrierefrau werden, die alle Aufgaben locker unter einen Hut bringt. Dieses Buch ist kein Ratgeber, der Sie noch perfekter macht, damit Sie noch besser im Laufrad des Alltags strampeln können.

Im Gegenteil: Wir möchten Ihnen einen neuen Weg aufzeigen, das Laufrad zu verlassen! Einen Weg, wie Sie weniger als bisher tun können und trotzdem mehr als bisher erreichen!

Kinder, Küche oder Karriere?

Wie können berufstätige Frauen zufriedener werden?

Was können Frauen tun, um den Spagat zwischen Kindern, Küche und Karriere effektiv zu bewältigen? Was können sie unternehmen, um sich selbst nicht aus den Augen zu verlieren?

Die meisten Frauen trauen ihren Gefühlen nicht mehr über den Weg. Sie sind verunsichert, fragen sich ständig, ob sie alles richtig machen oder ob sie nicht noch etwas vergessen haben. Ihre Fähigkeit, bestimmte Impulse und Warnzeichen mit dem richtigen Handeln zu verbinden, wird zwischen Alltagsstress und Schuldgefühlen verschüttet.

Wer seinen eigenen Gefühlen nicht traut, wird schnell vom täglichen Stress zerrieben. Achten Sie auf Warnzeichen.

Im Grunde genommen besitzen viele berufstätige Mütter genügend Instinkt und ausreichende Erfahrungen, die ihnen sagen könnten, was richtig und was falsch wäre. So verfügt z. B. jede Mutter von Geburt an und durch ihre nachfolgenden Lebenserfahrungen über einen Mutterinstinkt. Leider lernen die Frauen in unserer Gesellschaft nicht mehr, über diesen Instinkt so zu verfügen, dass sie selbst und ihr Kind etwas davon haben. Zu viel Stress, zu viele Schuldgefühle begraben die Fähigkeit, die richtigen Warnzeichen mit dem richtigen Verhalten zu verbinden.

Mutterinstinkt – was ist das?

»Instinkt« meint hier die Fähigkeit höherer Lebewesen, wie der Mensch eines ist, »bestimmte vorwarnende, auslösende und richtende Impulse mit wohl koordiniertem lebens- und arterhaltenden Verhalten zu beantworten« (Brockhaus, 1998). Wir verstehen unter der Wiederentdeckung des Mutterins-

Wie können berufstätige Frauen zufriedener werden?

tinkts die Fähigkeit der Mütter, sich wieder auf ihre warnenden Gefühle zu verlassen und daraus, in Verbindung mit ihrer bisherigen Erfahrung, die richtigen Schlüsse für ihr eigenes Verhalten zu ziehen. Mit Mutterinstinkt meinen wir also mehr als nur das angeborene Verhalten von Müttern: Es ist die Verbindung von angeborenen Lernmustern *und* einem gerüttelt Maß an Lebenserfahrung, über das auch junge Frauen bereits verfügen.

Der wiederentdeckte Mutterinstinkt hilft Ihnen, die Aufgaben im Alltag leichter zu bewältigen.

Anhand von konkreten Beispielen aus den Bereichen Kindererziehung, Haushalt, Partnerschaft und Berufstätigkeit möchten wir Ihnen neue Wege aus Ihrem Dilemma aufzeigen.

(!) Gut zu wissen

- Stress muss nicht nur negativ sein. Schwierigkeiten und Probleme in den verschiedenen Lebensbereichen einer berufstätigen Mutter können wichtige Signale enthalten, auf die zu hören sich lohnt.
- Die Lösung dieser Probleme muss nicht immer darin bestehen, noch mehr zu tun. Oftmals ist gerade weniger mehr.
- Verabschieden Sie sich von Ihrem bisherigen Perfektionsanspruch. Sie werden sehen, das entlastet. Wenn Mütter nicht mehr glauben, alles selbst tun zu müssen, finden sie wieder mehr Zeit für sich selbst.
- Je mehr Ihre Kinder wieder lernen, sich selbst um ihre Angelegenheiten zu kümmern, desto selbstständiger werden sie.

Kinder, Küche oder Karriere?

Was Sie in diesem Buch erwartet

Nach dieser Einleitung führen wir Sie in fünf Kapiteln durch die Untiefen, die das Meer der Mutterschaft bergen kann. Wir sind selbst sturmerprobte Eltern und haben so manchen Kampf zwischen Kinderzimmer, Küche und Karriere hinter uns gebracht.

Im ersten Kapitel über die Kindererziehung werden wir Sie mit Maßnahmen bekannt machen, die Ihnen helfen, die Erziehung Ihrer Kinder einmal mit anderen Augen zu betrachten. Sie werden Lösungen entdecken, die Ihnen und Ihren Kindern neue Wege weisen.

> Wir gehen dabei immer nach dem gleichen Schema vor: Zuerst ein praktisches Beispiel, dann ein kurzer Blick auf mögliche Ursachen und zum Schluss ein brauchbarer Lösungsansatz mit konkreten Vorschlägen.
> Aber keine Angst: Sie brauchen nicht noch mehr Initiativen zu entwickeln, nicht noch mehr Bücher zu lesen. Sie können sich entspannt zurücklehnen und die Beispiele auf sich wirken lassen.

Neue Wege in der Kindererziehung helfen Probleme erkennen und lösen.

Das erste Kapitel über die Kindererziehung führt Sie durch die verschiedenen Lebensalter der Kinder und die damit verbundenen Erziehungsprobleme. Wir verstehen diese Probleme als Signale für notwendige Veränderungen. Dabei zeigen wir Ihnen, wie Sie zu einer neuen Sichtweise von Erziehungsschwierigkeiten gelangen können: Die meisten Erziehungs-

Wie können berufstätige Frauen zufriedener werden?

probleme, die wir kennen, sind nämlich vorhersagbar. Es sind *Übergangsphänomene*, die in verschiedenen Lebensaltern ganz normal sind und immer dann auftreten, wenn die Kinder (und manchmal auch ihre Mütter) noch nicht über die notwendigen Kompetenzen verfügen, die zur Bewältigung des jeweiligen Problems nötig sind. Wir wollen Ihnen dabei einige Lösungen aufzeigen, über die es sich lohnt nachzudenken.

Den *allein erziehenden Frauen* haben wir am Ende des ersten Kapitels einen gesonderten Abschnitt gewidmet, weil sie noch mehr als andere Frauen mit besonderen Schwierigkeiten zu kämpfen haben. Wir sind der Meinung, auch sie machen – meist ohne es selbst auch nur zu ahnen – mehr richtig als falsch!

Im zweiten Kapitel über den Haushalt berichten wir über Mütter, die neben all ihren anderen Aufgaben meinen, sie müssten auch noch die perfekte Hausfrau sein, von deren Fußboden man essen kann. Hier wollen wir Ihnen zeigen, dass es auch anders geht. Eine sehr wichtige Rolle in diesem Kapitel spielen natürlich die Männer und die »lieben Kleinen«, denen man immer alles hinterherräumen muss. Auch hier plädieren wir für eher ungewöhnliche Lösungsansätze: Mütter sollen weniger, die anderen Familienmitglieder mehr machen.

Wenn die Mutter Arbeit an andere Familienmitglieder abgibt, profitieren alle.

Im dritten Kapitel über die Partnerschaft stehen nicht, wie Sie jetzt vermuten könnten, die »Herren der Schöpfung« im Mittelpunkt, sondern natürlich auch wieder die Frauen selbst. Hier geht es uns darum, den Frauen eine weitere Last von den Schultern zu nehmen: die alleinige Sorge um die Partnerbeziehung. Dass die Männer dabei eine Rolle spielen, wollen wir nicht verhehlen – aber nicht die des Paschas, der umsorgt werden will, sondern eher die eines gleichberechtigten, selbst-

Kinder, Küche oder Karriere?

ständigen Mannes. Er muss lernen, seine Frau zu unterstützen, wenn er mit seinen Bedürfnissen auch berücksichtigt werden will.

Im vierten Kapitel geht es dann um die Berufstätigkeit von Müttern. Nebenjob, Vollzeitstelle, Karrierewunsch? Mütter sind oft unsicher, ob sie eine Berufstätigkeit überhaupt ins Auge fassen sollen, wenn sie Kinder haben. Welche Art von Berufstätigkeit für welche Mutter in Frage kommt, steht im Zentrum unserer Betrachtungen über die Arbeitswelt.

Das fünfte Kapitel handelt von der allein erziehenden Mutter. In diesem Kapitel geht es uns vor allem darum, aufzuzeigen, wo die Probleme allein erziehender Mütter ähnlich gelagert und wo sie anders sind als bei anderen Frauen. Dabei sehen wir das Alleinerziehen auch als Chance für Mutter und Kind an, einen neuen Anfang zu wagen und die Herausforderung, die das Alleinerziehen bedeuten kann, anzunehmen.

Wer das Alleinerziehen als Chance für einen Neuanfang betrachtet, befindet sich bereits auf dem richtigen Weg.

Nutzen Sie als (berufstätige) Mutter Ihre ohnehin knapp bemessene Zeit, um sich selbst und die Atmosphäre zu Hause zu entspannen. Sorgen Sie im eigenen Interesse dafür, dass alle Familienmitglieder sich für das Funktionieren ihrer Familie verantwortlich fühlen. Spielen Sie nicht die perfekte Hausfrau und Mutter, die dann immer nur überlastet ist. Wer viel tut, ist oft angestrengt und nervös. Wer weniger tut und mehr Arbeit an die anderen abgibt, kann entspannter an seine Aufgaben herangehen. Sie geben damit sich selbst, Ihrem Partner und Ihrem Kind Raum, eine zufriedene Lebensgemeinschaft zu entwickeln, die den Belastungen des Alltags die Stirn bietet. Überarbeitete, gestresste und ständig um das Wohl ihrer Kinder besorgte Mütter sind schlechte Lehrmeisterinnen des Lebens. Ruhige, gelassene, gute Rabenmütter ohne Schuldkomplex, die auch einmal alle Fünfe gerade sein lassen können, die ihren Tee erst zu Ende trinken, bevor sie sich dem Kind zuwenden, ermöglichen sich selbst und ihrer Familie mehr Freiräume.

Unser Ziel

Mit allem, was Sie in diesem Buch lesen werden, verfolgen wir ein ganz bestimmtes Ziel: Wir möchten erreichen, dass Sie auch als Mutter eine Sorge vor alle anderen stellen – nämlich die Sorge um sich selbst. Denn nur eine Mutter, die sich ausreichend um die Befriedigung ihrer eigenen Bedürfnisse kümmert, kann eine glückliche Mutter werden.

Müssen wir an dieser Stelle noch extra erwähnen, dass eine glückliche (Raben-)Mutter die Voraussetzung für glückliche, zufriedene Kinder ist? In diesem Sinne wünschen wir Ihnen viel Spaß beim Lesen!

Gelassene, zufriedene Rabenmütter haben die glücklicheren Kinder.

Kindererziehung – setzen Sie
Ihren Mutterinstinkt ein

Kindererziehung – setzen Sie Ihren Mutterinstinkt ein

Stillen contra Flaschennahrung – jede Mutter muss hier ihre eigene Entscheidung treffen.

»Als ich meinen Sohn das erste Mal an die Brust anlegte, war ich hin- und hergerissen. Auf der einen Seite war ich glücklich und zufrieden, auf der anderen Seite hatte ich Angst, dass ich nicht genügend Milch haben könnte.«

Sabine war 31 Jahre alt, als sie ihren Sohn John bekam. Sie arbeitete damals in einer großen Werbeagentur als Texterin. Ihr Mann Peter (34) war Architekt bei einer Baufirma. Beide waren politisch interessiert und arbeiteten engagiert für den Umweltschutz. Sabine besuchte während ihrer Schwangerschaft regelmäßig eine Gruppe für werdende Mütter. Alle hielten es für selbstverständlich, ihre Babys zu stillen. Flaschennahrung wurde heruntergeputzt und jede Mutter, die auch nur andeutete, dass sie vielleicht bloß kurze Zeit stillen würde, schief angeguckt. Das Klima in der Gruppe setzte Sabine unter Leistungsdruck.

»Alle wirkten so erfahren und schienen zu wissen, wovon sie sprechen. Ich kam mir damals ziemlich blöd vor. Ich traute mich nicht, Fragen zu stellen oder gar etwas in Frage zu stellen. Ich las heimlich alles, was ich über Schwangerschaft und Kinderkriegen in die Finger bekam. Aber je mehr ich las oder hörte, desto unsicherer wurde ich. Als es endlich so weit war, hatte ich große Ängste, nicht genügend Milch zu haben.«

Muttermilch oder Milupa? – Wenn die Kinder klein sind

Wie Sabine sind viele Frauen in der heutigen Zeit verunsichert, was das Stillen betrifft. Sie werden von Freundinnen und Fachleuten mit Ratschlägen überhäuft und vergessen dabei, ihrem eigenen Instinkt zu vertrauen und sich zu fragen, was sie selbst wollen. »Natürlich hatte ich Angst. Aber ich sprach mit meinen Freundinnen nicht darüber. Ich glaubte, eine schlechtere Mutter zu sein als sie, wenn ich es nicht schaffen würde, mein Kind zu stillen. Wo ich doch wusste, wie wichtig die Muttermilch für ein kleines Kind ist. Gerade die Sache mit den Abwehrstoffen, die das Baby über die Muttermilch bekommt, hat mich damals sehr beschäftigt.«

Ratschläge sind nicht gut, wenn sie die Mutter von ihren eigenen Wünschen entfernen.

Auch die Geburt eines Kindes stellt ein »Übergangsphänomen« dar, das an Mutter und Kind völlig neue Anforderungen richtet, die bewältigt werden wollen. So schwierig diese Zeit auch werden kann, sie geht vorüber. Lassen Sie sich also nicht verrückt machen. Am Ende ist noch jede Mutter damit fertig geworden.

(!) Achtung

Vor- und Nachteile des Stillens für berufstätige Mütter
Bei aller ideologischen Verunsicherung, die im Hinblick auf das Stillen und industrielle Babynahrung von verschiedenen Seiten betrieben wird, muss man trotzdem anerkennen, dass das Stillen immer noch die billigste und natürlichste Art und

Kindererziehung – setzen Sie Ihren Mutterinstinkt ein

Weise ist, ein Kind aufzuziehen. Die Vorteile liegen auf der Hand:
- Direktlieferung – kein Transport- und Nachschubproblem, keine Hygieneprobleme mit Flaschenreinigung usw.
- Schlankere Mütter – Übergewicht reduziert sich, die Gebärmutter bildet sich schneller zurück.
- Keine übergewichtigen Babys – gestillte Babys werden nur selten zu dick.
- Intimität – Mutter und Kind kommen sich durch das Stillen auf natürliche Art und Weise nahe.
- Sinnesfreuden – Stillen verschafft Mutter und Kind oft angenehme Gefühle.
- Versorgung mit Antikörpern – das Immunsystem des Kindes wird gestärkt.
- Idealer Nährwert - es gibt nichts Besseres als Muttermilch, was die Zusammensetzung der Nährstoffe betrifft.

Stillen und Berufstätigkeit in Einklang zu bringen ist für eine Mutter keine leichte Aufgabe.

Das Stillen kann aber auch Nachteile haben, insbesondere dann, wenn Sie schnellstmöglich wieder in den Beruf zurückwollen:
- Ohne Mutter geht es nicht: Sie müssen Ihr Kind überall mit hinnehmen oder rechtzeitig zu Hause sein, wenn es zu schreien droht. Das ist nicht so einfach, wenn Ihnen im Büro Überstunden abverlangt werden oder Sie nach Feierabend in einen Stau geraten. Nachts in der Disco oder auf einer Fete abzutanzen ist auch nicht drin. Sie sind also viel abhängiger.
- Stillprobleme: Zu wenig Milch, Brustentzündungen usw. schmälern die Lust am Stillen erheblich.
- Beziehungsprobleme: Nicht selten erblasst der eigene Partner vor Neid ob der Mutter-Kind-Intimität. Auch ältere Ge-

schwisterkinder können sich ausgeschlossen fühlen. Ein Fläschchen können Sie auch Ihrem Partner mit einem »Mach du, bitte« in die Hand drücken – eine einfache und sehr direkte Art, Ihren Partner an der Kindererziehung zu beteiligen.

Sind Flaschenkinder anfälliger für Krankheiten?

Die Zunahme von Allergien in der modernen Industriegesellschaft verunsichert gerade Schwangere, die sich Sorgen um die Gesundheit ihrer ungeborenen Kinder machen. Hinzu kommt eine fast ideologisch anmutende Diskussion über die angebliche Notwendigkeit einer »natürlichen Babyernährung«. Mütter werden durch eine Flut von Ratgebern in eine Situation gebracht, in der sie sich kaum trauen, auf sich selbst zu vertrauen und deutlich zu machen, dass sie selbst wissen, was gut für sie ist.

Die Diskussion um die Nachteile der Flaschenfütterung lässt leicht vergessen, dass gerade die Generation der heutigen Eltern oft selbst mit der Flasche und der damals aufkommenden industriellen Kindernahrung großgezogen wurde. Die Zunahme von Allergien bei Kleinkindern ist jedoch nicht in dieser Generation, sondern in den folgenden Generationen, die fast ausschließlich gestillt wurden, zu verzeichnen.

»Meine Eltern haben mich selbst mit der Flasche großgezogen«, lacht Sabine bei unserem Gespräch. »Meine Mutter hatte nämlich, genau wie ich, viel zu kleine Brüste. Ich hatte immer gedacht, Frauen mit kleinen Brüsten können nicht so gut stillen. Und ich bin gesund und munter.«

So wie Sabine sind viele Flaschenkinder heute gesunde Erwachsene, die sich dennoch der massiven Beeinflussung durch

Auch aus Flaschenkindern sind immer schon gesunde Kinder geworden.

Kindererziehung – setzen Sie Ihren Mutterinstinkt ein

die Medien und den Ratschlägen ihrer Freundinnen nicht entziehen konnten.

»Es kam, wie es kommen musste: Ich war so verspannt, als man mir mein Baby an die Brust legte, dass ich es nicht schaffte, es ausreichend zu stillen. John saugte und saugte, und es kam nichts.«

Sabine fand eine hilfreiche Kinderschwester, die ihr eine Flasche brachte und ihr sagte: »Machen Sie sich nicht zu viele Gedanken. Ihr Baby wird eh groß, ob Muttermilch oder Milupa.«

> **Tipp** ⚠️ Horchen Sie in sich hinein und schauen Sie, was Sie selbst wollen und brauchen. Und erst dann treffen Sie eine Entscheidung über das Stillen. Lassen Sie sich nicht von Äußerungen diverser »RatgeberInnen« (auch von uns nicht) verrückt machen. Finden Sie Ihren eigenen Weg. Ihrem Kind tut gut, was Ihnen gut tut.

So entdecken Sie Ihren Mutterinstinkt

Hektik und Stress im Alltag können eine Folge davon sein, dass Sie verlernt haben, auf Ihre eigenen Instinkte und Gefühle zu hören.

Mütter, die vom Alltagsstress zerrieben werden, haben es in der Regel verlernt, auf ihre Instinkte zu hören. Zu viel Neues stürmt auf sie ein, macht sie unsicher und nervös. Kommen dann auch noch Schwierigkeiten mit dem Kind dazu, bleibt das Hören auf das eigene Gefühl schnell auf der Strecke.

Dabei können gerade die Gefühle Ihnen in Stresssituationen schon vorher anzeigen: »Halt! So kann es nicht weitergehen!« Weil Sie aber Ihren Gefühlen nicht mehr über den Weg trauen, lassen Sie diese Warnsignale schnell außer Acht.

Muttermilch oder Milupa?

Halten Sie an solchen Stellen einen Moment inne und fragen Sie sich: »Was wollen mir diese Gefühle sagen?« Gerade beim beabsichtigten Stillen und den damit verbundenen Problemen kann die sich ankündigende Unruhe der Mutter ein Zeichen dafür sein, sich selbst zu fragen, was man will.

Dieser Impuls, dieses Warnzeichen sollte nun mit den Erfahrungen und Kenntnissen, die Sie haben, verbunden werden. Beides, Warnsignal und Erfahrungswissen ergeben zusammen einen Hinweis, was Sie tun können. Im Falle des Stillens geht es vor allen Dingen darum, sich nicht verrückt machen zu lassen, sondern für sich selbst und sein Kind die richtige Entscheidung zu treffen: Das ist Mutterinstinkt.

Mutterinstinkt: Das bedeutet, vor dem Hintergrund der eigenen Erfahrungen seine Gefühle als Warnzeichen ernst zu nehmen.

So können Sie Ihren Mutterinstinkt wieder entdecken und richtig anwenden:

- Versuchen Sie, sich zunächst etwas Ruhe zu verschaffen. Ziehen Sie sich zurück in eine ruhige Ecke und sorgen Sie dafür, dass Sie ein paar Minuten lang nicht gestört werden.
- Setzen Sie sich bequem hin. Schütteln Sie Ihre angespannten Muskeln aus. Nehmen Sie eine gerade, aufrechte Haltung ein und legen Ihre Hände auf Ihre Oberschenkel. Dann lassen Sie sich zusammensacken (»Kutscherhaltung«).
- Prüfen Sie noch einmal, ob Sie bequem sitzen und schließen Sie dann die Augen.
- Konzentrieren Sie sich für einen Moment auf Ihre Atmung. Nehmen Sie jeden Atemzug wahr. Atmen Sie dabei tief und gleichmäßig über den Bauch ein und aus.
- Nun stellen Sie sich Ihr augenblickliches Problem vor. Was für Bilder sehen Sie? Bleiben Sie einen Augenblick dabei, und dann lassen Sie diese Bilder wieder verschwinden.

Kindererziehung – setzen Sie Ihren Mutterinstinkt ein

- Was für Gefühle kommen in Ihnen hoch? Versuchen Sie, diese mit einem Namen zu belegen, und merken Sie ihn sich. Sind es positive oder unangenehme Gefühle?
- Später können Sie sich diese Namen aufschreiben und über Ihre Gefühle nachdenken. Was fällt Ihnen dazu ein? Was versteckt sich hinter diesen Gefühlen? Welchen Rat wollen sie Ihnen geben?

Klagelied und Kampfgebrüll: Wenn Säuglinge zu viel schreien

»Als ich schwanger war, hatte ich mir alles so schön vorgestellt. Ich würde für ein paar Monate zu Hause bleiben, und mein Mann wollte sich während dieser Zeit etwas mehr um den Haushalt kümmern. Aber es kam alles ganz anders!«

Die 23-jährige Arzthelferin Marianne bekam ihr erstes Kind Lena. Sie freute sich auf das Baby, und in den ersten Tagen nach dem Krankenhaus klappte auch noch alles. Ihr Mann Klaus (25) hatte sich ein paar Tage frei genommen und half im Haushalt mit. Aber als er wieder zu arbeiten begann, fingen die Schwierigkeiten an. Von einem Tag auf den anderen schrie die kleine Lena wie am Spieß.

»Das Geschrei des Babys brachte mich an den Rand eines Nervenzusammenbruchs. Beim ersten Mal war ich noch gut gelaunt aufgestanden, aber dann wurde ich von Mal zu Mal nervöser. Am Morgen war ich übernächtigt, mit den Nerven am Ende und wusste nicht mehr, was ich tun sollte. So hatte ich mir die Zeit mit meinem ersten Kind nicht vorgestellt. Ich bekam Angst und dachte damals schon, wie soll es nur werden, wenn ich wieder arbeiten gehen will?«

Marianne fühlte sich am nächsten Morgen wie zerschlagen.

Schreibabys können einer berufstätigen Mutter den letzten Nerv rauben.

Muttermilch oder Milupa?

»Ich konnte kaum die Augen aufbehalten. Und auch meinem Mann Klaus ging es nicht viel besser.«
Klaus (25) arbeitete als Maurer auf dem Bau. Beim Frühstück sagte er seiner Frau, er brauche nachts seinen Schlaf, sonst würde er die Arbeit nicht schaffen. Marianne war beleidigt. »Ich hatte mir von ihm etwas mehr Unterstützung erwartet. Doch ich konnte ihn auch verstehen. Er hat einen harten Job als Betonbauer.« Marianne war deprimiert.

Vorstellungen, Wünsche und Träume verstellen den Blick auf den Alltag

Der Alltag mit einem Baby entspricht eigentlich nie den romantischen Idealen vom Familienglück.

Kennen Sie das auch? Sie freuen sich auf Ihr Baby, machen sich Gedanken und haben Ihre Vorstellungen, wie es werden wird zu dritt. Und dann läuft der Alltag mit dem neuen Familienmitglied nicht so ab, wie Sie es erwartet haben. Schreiendes Kind und todmüde Eltern. Das gehört anscheinend dazu, denken Sie und wenden entschlossen Ihre ganze Aufmerksamkeit dem kleinen Schreihals zu. Sie revidieren Ihre eigenen Vorstellungen und stellen Ihre Bedürfnisse zurück. Sie sind wild entschlossen, Ihrem Baby alles zu geben und mit dem stillen Seufzer »Wir haben es ja nicht anders gewollt« für eine ganze Weile auf ein eigenes Leben zu verzichten. Wenn Ihr Baby Ihnen dann den Schlaf raubt und Sie Ihren Impuls, es am liebsten an die Wand klatschen zu wollen, entsetzt unterdrücken, lösen sich plötzlich die romantischen Vorstellungen vom Familienglück zu dritt in Luft auf. Und weil dann nicht sein kann, was nicht sein darf, verkneifen Sie sich allen Frust und alle aufgestauten Wutgefühle und stellen Ihrem Kind tapfer alle anderthalb Stunden Ihre Brust zur Verfügung. Dabei fragen Sie sich, warum es trotzdem ständig schreit.

Kindererziehung – setzen Sie Ihren Mutterinstinkt ein

Mund gestopft – Baby ruhig?

Die meisten Mütter und Väter erwarten, dass ihr Kind sich harmonisch in die neue Familie einfügt, dass alles gut wird und alle Beteiligten glücklich und zufrieden sind. Dann kommt der anstrengende Alltag mit dem Kind, und viele der Erwartungen erfüllen sich nicht.

Mutter, Vater und Kind befinden sich in einem komplexen Zusammenspiel gegenseitiger Wünsche, Erwartungen, Verhaltensweisen und Gefühlsregungen. Letzteres spielt eine besondere Rolle. Wenn Sie sich ärgern, wütend oder traurig sind, spürt Ihr Kind das und reagiert mit den ihm zur Verfügung stehenden Mitteln. Und wenn Sie sich Ihre negativen Emotionen nicht einzugestehen vermögen, sie also verdrängen, nimmt Ihr Kind sie dennoch wahr und kann unter Umständen mit Schreien darauf reagieren. Wenn Sie ihm dann die Brust geben, obwohl es keinen Hunger hat, *muß* es sich wehren und weiterschreien.

Wenden Sie sich vom Kind weg und Ihren eigenen Gefühlen zu

Denken Sie nicht immer nur an die Bedürfnisse Ihres Babys. Auch Sie selbst haben einen Anspruch auf Wohlbefinden.

Sie sehen, was passieren kann, wenn Sie Ihre ganze Aufmerksamkeit auf Ihr Baby richten und die Ursachen für sein Schreien ausschließlich bei ihm suchen. Besser wäre es, wenn Sie sich fragen, wie Sie selbst sich fühlen und was Sie selbst brauchen. Denn mit Ihrer Zufriedenheit steigt auch das Wohlbefinden Ihres Babys. Bestenfalls können Sie eine Auszeit nehmen, Ihr Baby Ihrem Partner in den Arm drücken und sich etwas Gutes gönnen. Wenn Sie dann entspannt sind, nehmen Sie Ihr Baby wieder an die Brust. Sie werden sehen, das funktioniert viel besser.

Muttermilch oder Milupa?

Wichtig: der Wach-Schlaf-Rhythmus

Ihr Kind entwickelt in den ersten drei Lebensmonaten den so genannten »zirkadianen Rhythmus« (Wach-Schlaf-Rhythmus). »Die Rhythmisierung des kindlichen Organismus über 24 Stunden ist eine wichtige Voraussetzung für eine regelmäßige Wach-Schlaf-Periodik«, schreibt Professor Remo H. Largo.

Routinierte Tagesabläufe verhelfen Ihrem Kind zu einem gut eingestellten »zirkadianen Rhythmus«.

Das unspezifische Schreien ohne ersichtlichen Grund kann auch dann auftreten, wenn Eltern es nicht schaffen, dem Kind und sich selbst einen regelmäßigen Tagesablauf, einen gleichmäßigen Rhythmus zu vermitteln.

 Tipp

So helfen Sie Ihrem Baby, sich gut zu entwickeln und seinen eigenen Rhythmus zu finden:
- Sie fördern die Entwicklung Ihres Kindes, wenn Sie dafür sorgen, dass Sie selbst ausgeruht sind. Fordern Sie dazu die Hilfe Ihres Partners ein.
- Je regelmäßiger bestimmte Tätigkeiten stattfinden, desto schneller entwickelt Ihr Kind einen eigenen zirkadianen Rhythmus.
- Voraussetzung dafür ist z. B., nachts das Zimmer dunkel und still zu halten.
- Wenden Sie sich dem Kind zu, wenn es wach ist.
- Sie helfen Ihrem Säugling, indem Sie ihn, wenn er wach ist, regelmäßig aufnehmen und zärtlich zu ihm sind.
- Sie helfen Ihrem Säugling, wenn Sie ihn schlafen lassen und ihn nicht wecken, weil sie meinen, er müßte nun mal langsam Hunger haben.

Kindererziehung – setzen Sie Ihren Mutterinstinkt ein

Was können Mütter tun, wenn der Säugling zu viel schreit?

Der kindliche Organismus wächst in den ersten drei Monaten rasant schnell, und im Gehirn finden grundlegende Entwicklungsprozesse statt. Neuronale Schaltungen, die das Empfinden und das Verhalten des Kindes steuern, werden in dieser Zeit geknüpft, und diese spiegeln sich auch im Verhalten des Kindes wider. Es sieht in der Gegend umher, zeigt ein wachsendes Interesse an seiner Umwelt und wird für akustische Reize empfänglicher.

Sie können dieses schnelle Wachstum fördern, indem Sie die Voraussetzungen dafür schaffen, dass Ihr Kind seinen eigenen Rhythmus entwickelt. Aber das heißt nicht: sich nur nach dem Kind richten! Säuglinge brauchen Hilfe dabei, einen eigenen Rhythmus zu finden.

So schaffen Sie sich Ruhephasen für Ihre eigenen Bedürfnisse

Insbesondere dann, wenn Sie sich durch Schreiattacken gestresst und genervt fühlen und im Spiegel widerwillig die dunklen Ringe unter Ihren Augen betrachten, brauchen Sie Zeit für sich selbst. Aber wie soll das gehen?

Ganz einfach. Wenn Ihr Baby schläft, können Sie sich in die Badewanne legen, anstatt den riesigen Wäscheberg zu bügeln oder noch schnell die Fenster zu putzen. Das können Sie nicht? Wieso nicht? Weil Ihr Mann dann sauer ist, wenn das Bügelbrett abends noch im Wohnzimmer herumsteht? Dann kontern Sie doch einfach gelassen: Wenn du heute Nacht dauernd aufstehst, bin ich morgen so ausgeschlafen, dass ich das Bügeln spielend schaffe. Kritischen Blicken Ihrer Mutter

Nur die Mutter, die die Schlafphasen ihres Babys den eigenen Bedürfnissen widmet, kommt auch einmal zur Ruhe. Hausarbeit kann liegen bleiben.

oder Schwiegermutter wegen einer unaufgeräumten Wohnung begegnen Sie selbstbewusst mit einem lapidaren »Tschuldigung, hier wohnen wir«.

Sie haben noch weitere Kinder, die Ihre Aufmerksamkeit fordern? Schicken Sie die ins Kinderzimmer mit der Ermahnung, nicht eher wieder rauszukommen, bis Mama eine Mütze voll Schlaf gekriegt hat. Sie müssen noch Essen kochen? Tun's nicht auch Tiefkühlpizza oder Pommes mit Ketschup?

Reflektieren Sie Ihre Situation und überprüfen Sie Ihre Erwartungen

Sobald Sie etwas zur Ruhe gekommen sind, kann die Beantwortung folgender Fragen Ihnen helfen, Ihre Situation zu reflektieren und einige Veränderungen einzuleiten:

- Wie fühlen Sie sich mit Ihrem Kind, Ihrem Partner usw.?
- Woran liegt das? Welche Erwartungen, Wünsche und Vorstellungen hatten bzw. haben Sie? Was würden Sie gerne anders haben?
- Was müsste passieren, damit sich etwas verändert?
- Wünschen Sie sich einen harmonischen, konfliktfreien Erziehungsalltag? Was müssten Sie dazu tun?

Viele Enttäuschungen entstehen aus dem Widerspruch zwischen Wunsch und Realität. Wer ein zufriedenes, sonniges und glücklich vor sich hin brabbelndes Kind erwartet und einen Schreihals bekommt, wird enttäuscht sein. Dann kommt es darauf an, das Beste daraus zu machen. Schrauben Sie Ihre Erwartungen herunter und passen Sie diese der Realität an. Sorgen Sie dafür, dass es Ihnen wieder gut geht. Machen Sie sich klar, dass es keine harmonische, konfliktfreie Kindererziehung und schon gar keine perfekten Mütter gibt! Schwie-

Wer seine Erwartungen der Realität anpasst, erlebt in der Kindererziehung viel weniger Enttäuschungen.

Kindererziehung – setzen Sie Ihren Mutterinstinkt ein

rigkeiten mit Kindern gehören zum Alltag. Richtig gedeutet und gut damit umgegangen, können sie zum Auslöser einer veränderten Einstellung zur Kindererziehung werden.

Eine neue Sichtweise von Erziehungsproblemen

Erziehungsprobleme stellen nicht nur Schwierigkeiten dar, die einen stören und den Alltag durcheinander bringen. Betrachten Sie sie als ganz normale *Entwicklungsaufgaben* für Eltern und Kinder. Dann können Sie lockerer und entspannter damit umgehen. Kinder bringen Leben in die Bude und eingespielte Tagesabläufe durcheinander. Immer wieder müssen Sie sich auf Neues einstellen und an neue Bedingungen gewöhnen. Das macht den Reiz aus und bringt Sie persönlich weiter.

Sie werden nicht als Eltern geboren, sondern dazu gemacht. Sie wachsen ganz allmählich in eine neue Rolle hinein und machen positive und negative Erfahrungen. Jedes Problem kann einen Entwicklungsschritt darstellen, der Sie voranbringt und dazu beiträgt, Ihr Selbstbewusstsein zu steigern.

Erziehung ist immer eine Entwicklungsaufgabe für Eltern und Kinder gleichermaßen. Neue Rollen müssen definiert werden.

»Ich überprüfte meine Erwartungen, Vorstellungen und Wünsche und passte sie an die Realität an. Es dauerte einige Zeit, aber schließlich begann ich loszulassen. Ich konnte zunehmend besser damit leben, nicht so perfekt zu sein. Als ich mich nach vier Monaten entschloss, wieder stundenweise arbeiten zu gehen, wurde ich selbst zufriedener. Das übertrug sich auf Lena, die von meiner Mutter versorgt wurde. Sie wurde ein ruhiges und zufriedenes Kind.«

Ein entspanntes, selbstbewusstes Herangehen an die Kindererziehung entlastet Sie von Stress und Schuldgefühlen. Und Ihrem Kind tut eine Mutter gut, die sich nicht über die Schmutzflecken auf dem Teppich aufregt, sondern sich auf das

Wesentliche zu konzentrieren vermag. Es verschafft Ihrem Kind den Freiraum, sich seinen Bedürfnissen entsprechend zu entwickeln. Das gilt insbesondere auch dann, wenn Sie Ihre beruflichen Wünsche, Vorstellungen und Pläne weiterverfolgen und nicht unter der Rubrik »Unmöglich, ich habe ja jetzt ein Kind« ablegen.

Katrin Müller, die ehemalige Moderatorin des »Heute«-Magazins im ZDF sagt zu ihrer Rolle als berufstätige Frau und Mutter: »Wer für ein Kind verantwortlich ist, verzettelt sich nicht. Ich brauche weniger Zeit, um Dinge auf die Beine zu stellen.«

Kinder profitieren von einer neuen Einstellung zur Erziehung

Wenn Sie gut für sich selbst sorgen und zufrieden mit sich sind, überträgt sich dieses Gefühl auf Ihr Kind. Es registriert, ich bin willkommen und werde geliebt. Das gibt Ihrem Kind Sicherheit. Es weiß, dass es sich auf die Zuwendung seiner Eltern verlassen kann und fühlt sich angenommen und geborgen. Es spürt, meine Eltern haben die Ruhe weg und treten Problemen gelassen entgegen. Sie betrachten sie als Herausforderungen und finden eine glückliche Lösung. Gemeinsam mit den Eltern entwickelt das Kind so den Ehrgeiz, selbstständig zu werden.

»Das Kind hat einen tiefen Drang, selber zu bestimmen und selbstständig zu werden«, schreibt Professor Remo H. Largo. »Bereits das Neugeborene will, wenn auch in einer begrenzten Weise, selbstständig sein.« Aber das bedeutet nicht, dem Kind keine Hilfen anzubieten. Auch Selbstständigkeit ist ein Lernprozess. Kein Kind kommt selbstständig auf die Welt, sondern es braucht dabei die Hilfe seiner zufriedenen Eltern.

Gelassene Eltern haben selbstständigere Kinder. Das ist das Ergebnis einer neuen Sichtweise in der Erziehung.

Kindererziehung – setzen Sie Ihren Mutterinstinkt ein

Ich bin, ich will – das rebellische Kind

»Ich war mit meinem dreijährigen Sohn Andreas beim Einkaufen. Ich hatte es sehr eilig. In einer halben Stunde sollte die Kinderfrau kommen, und ich wollte noch schnell, bevor ich im Büro sein musste, etwas einkaufen. Andreas saß im Einkaufswagen und wollte raus, weil er an der Kasse ein paar Süßigkeiten entdeckt hatte. Ich schüttelte den Kopf und sagte: ›Nein, es gibt keine Süßigkeiten!‹ Er rüttelte daraufhin mit seinen kleinen Händen an dem Wagen herum und schrie aus Leibeskräften. Dabei lief er rot an im Gesicht und wäre fast mit dem Einkaufswagen umgefallen, wenn ich ihn nicht herausgenommen hätte.«

Wer möchte schon eine böse Rabenmutter sein? Aber Sie haben auch ein schlechtes Gewissen, wenn sich Ihr Kind mit seiner Trotzreaktion wieder einmal durchgesetzt hat.

Sicher kennen auch Sie solche Situationen. Sie sind ohnehin schon in Eile, und wenn Ihr Sprössling dann noch aus der Reihe tanzt, geraten Sie in einen Konflikt. Sie legen Wert auf gesunde Ernährung und wollen deshalb nicht, dass er die Milchschnitte bekommt. Dann macht er Theater, die anderen gucken schon, und Sie wissen genau, mit guten Worten erreichen Sie jetzt nichts. Sie wissen, wenn Sie Ihr Kind jetzt laut anbrüllen, würde man Sie als böse Rabenmutter ansehen, und wenn Sie ihm die Milchschnitte scharf verweigern, denken die anderen »Was stellt die sich so an«. Also wählen Sie kleinlaut das scheinbar geringere Übel. Sie drücken Ihrem Sprössling eine Milchschnitte in die Hand und stopfen ihm damit das Maul, so ist er wenigstens still. Aber gut geht es Ihnen dabei auch nicht. Sofort meldet sich Ihr schlechtes Gewissen. Er hat Sie mit seiner Trotzreaktion wieder mal rumgekriegt.

Wie können gerade berufstätige Mütter dieser Falle entgehen? Gibt es hier pädagogisch sinnvolle Lösungen?

Muttermilch oder Milupa?

Das Kind entdeckt seinen eigenen Willen

Tausendfach kann man morgens und nachmittags in Deutschland ähnliche Szenen an den Einkaufskassen beobachten. Die kindlichen Entwicklungsschritte zur Selbstständigkeit gehen nur selten konform mit den Alltagsbedürfnissen der Mütter (oder Eltern). Ein Kind nimmt keine Rücksicht auf die Bedürfnisse einer berufstätigen Mutter, sondern fordert die Befriedigung seiner Bedürfnisse gnadenlos ein. Es entsteht ein Spannungsfeld, aus dem die Kinder nicht selten als Sieger hervorgehen.

Kinder sind rücksichtslos, wenn sie ihren eigenen Willen durchsetzen wollen. Da hat eine berufstätige Mutter im Alltag manche Spannung zu ertragen.

> Im Alter von null bis drei Jahren entdeckt das Kind seinen eigenen Körper. Der kleine Mensch erfährt, dass er etwas bewirken kann, und beginnt zu trotzen. Er erkennt sich im Spiegel, verteidigt seinen Besitz, benutzt seinen eigenen Namen und spricht in der Ichform. Diese geistigen Entwicklungsschritte vollziehen sich mit der motorischen Entwicklung, die parallel dazu verläuft. Aus dem Robben und Kriechen der ersten Lebensmonate entwickelt sich über das Aufsetzen und Aufstehen das Gehen.

(!) Gut zu wissen

Doch Kinder sind verschieden und erlernen diese Fähigkeiten unterschiedlich schnell. Andreas sieht in dem Beispiel aus dem Supermarkt die bunten Süßigkeiten an der Kasse, aber er kann sie aus eigenen Kräften nicht erreichen. Er macht sich also bei seiner Mutter bemerkbar und will aus dem Wagen, um sie fassen zu können. Sein Gehirn kann in diesem Alter alle

Kindererziehung – setzen Sie Ihren Mutterinstinkt ein

dazu nötigen Operationen vollziehen, aber mit der Motorik hapert es noch. Er kann zwar schon registrieren, dass seine Mutter traurig ist, und auf sie eingehen. Aber wenn er etwas haben will, tritt diese neu erworbene Wahrnehmungsfähigkeit in den Hintergrund. Von den Bedürfnissen der Mutter, die es eilig hat, weil sie zur Arbeit will, bemerkt er nun nichts mehr.

Das Trotzalter

Das, was seine Mutter Heike als Trotzreaktion erlebt, ist nichts weiter als der Widerspruch zwischen Wollen und Können. Dieser Widerspruch wird von kleinen Kindern sehr intensiv erlebt. Sie haben es noch nicht gelernt, zu warten oder gar auf die Befriedigung ihrer Bedürfnisse zu verzichten. Und: Sie können die komplexen Denkabläufe von Erwachsenen überhaupt nicht verstehen. Oder glauben Sie etwa, ein zweijähriger Junge wie Andreas versteht, warum seine Mutter ihm die Süßigkeiten nicht geben will, oder dass er sie mit seiner Schreierei in die Bredouille bringt? Andreas kennt noch keinen Zahnarzt, er weiß noch nicht, was Karies ist, oder hat keine Vorstellung von gesunder Ernährung. Und er ahnt noch nichts von den Problemen, mit denen eine berufstätige Mutter sich herumschlagen muß.

Der Junge sieht etwas, von dem er weiß, dass es süß schmeckt. Er will es haben. Aber er kann es aus eigener Kraft nicht bekommen. Also macht er auf sich aufmerksam. Und Mama soll ihm nun zu den süßen Sachen verhelfen.

Trotz ist so gesehen der Protest gegen die eigene Unfähigkeit des Kindes, etwas zu bekommen, was es haben will. Könnte Andreas die Milchschnitte selbst mit den Händen erreichen, und würde seine Mutter ihn, obwohl sie andere Vorstellungen hat als er, daran nicht hindern, würde der Trotz auch nicht auftreten!

Ein Kind, das trotzt, protestiert mit dieser Reaktion gegen seine eigene Unfähigkeit, einen Wunsch auch in Handlung umsetzen zu können.

Muttermilch oder Milupa?

> (!) **Gut zu wissen**
>
> Im zweiten Lebensjahr beginnt das Kind den Zusammenhang zwischen den eigenen Handlungen (Sehen, Habenwollen, Greifenkönnen) zu verstehen. Es übt sie durch ständiges Wiederholen ein. Wenn es dabei jedoch einmal feststellt, dass es etwas nicht so kann, wie es das will, ist es frustriert und wird wütend. Je größer die Diskrepanz zwischen Wollen und Können, desto größer die Trotzreaktion.

Wichtig für Eltern: Das Kind richtet seine Trotzreaktion nicht gegen die Eltern oder gegen die es umgebende Umwelt, auch wenn alle Beteiligten das vielleicht so sehen. Es ist eine Reaktion gegen die eigene Unfähigkeit, Dinge vollziehen zu können, die es tun will!

Wie gehen berufstätige Mütter mit Trotzreaktionen um?

Viele berufstätige Mütter geraten bei der vermeintlichen Lösung dieser Probleme in einen Konflikt. Auf der einen Seite haben sie eigene Vorstellungen davon, wie das Einkaufen ablaufen soll. Sie haben es meistens eilig und wollen so schnell wie möglich fertig werden. Die scheinbar eleganteste Lösung wäre, dem Kind schnellstens seinen Willen zu lassen, um Ruhe vor dem kleinen Rebellen zu haben und schleunigst den Laden zu verlassen. Das würde zudem auch noch die kritischen Kommentare anderer Frauen verhindern helfen, die es ebenfalls oft eilig haben und sich von dem schreienden Kind

Wenn die berufstätige Mutter ihrem kleinen Rebellen seinen Willen lässt, nur um Ruhe zu haben, darf sie sich über Erziehungsprobleme nicht wundern.

genervt fühlen. Aber das würde auch das schlechte Gewissen, die Gedanken an die Zähne, den Magen und das Gewicht des Kindes auf den Plan rufen.

Setzen Sie Ihrem Kind Grenzen

Eine Mutter, die ihrem Kind klare Grenzen setzt, ist deshalb noch lange keine Rabenmutter.

Sie müssen Ihrem Kind nicht alles geben, was es haben will. Und Sie sind schon lange keine Rabenmutter, wenn Sie ihm die Befriedigung einiger Bedürfnisse für den Moment versagen oder auf später verschieben. In unserem Beispiel geht es um Süßigkeiten. Kinder, die sehr wenig Süßigkeiten bekommen, trotzen in solchen Situationen nur selten, jene, die oftmals Süßes bekommen, tun es eher. Sie können also derartige Situationen vermindern, wenn Sie grundsätzlich Ihren Kindern weniger Süßigkeiten im Alltag geben.

Ein Kind muss lernen, seinen eigenen Willen durchzusetzen, aber nicht um jeden Preis und nicht an jedem Ort. Es muss ebenso lernen, dass es nicht alles bekommt, was es haben will. Das gilt übrigens für Vollzeitmütter ebenso wie für berufstätige Mütter. Also bleiben Sie, auch wenn es Ihnen in der Situation vielleicht schwer fällt, ruhig und bei Ihrer Meinung. Ihr Kind lernt in dieser Zeit sehr schnell und hat nach kurzer Zeit begriffen, was es bekommt und was nicht. Den Blicken der anderen begegnen Sie selbstbewusst. Überlegen Sie, wie Sie selbst mit solchen Situationen umgehen wollen, und handeln Sie unabhängig von dem, was die Umgebung vermeintlich von Ihnen erwartet.

Die Vorteile, die die berufstätige Mutter davon hat, liegen auf der Hand: Wenn Sie Ihrem Kind klare Grenzen setzen, wird es lernen, sich an bestimmte Situationen, wie z. B. das Einkaufengehen, anzupassen. Je konsequenter Sie an dieser Stelle sind,

desto besser können Sie mit Ihrem Kind einkaufen gehen und Ihr Bedürfnis nach einem schnellen Einkauf befriedigen.
Und auch Ihr Kind zieht einen Nutzen aus diesem Verhalten seiner Mutter: Ihr Kind lernt auf diese Weise, seinen eigenen Willen zu beherrschen, und bekommt Grenzen des Willens aufgezeigt. Je besser dieser Prozess im Laufe der Zeit funktioniert, desto besser lernt Ihr Kind, seine Gefühle selbst zu beherrschen. Dann kann es, wenn es erwachsen ist, auch besser mit Frustrationen umgehen.

Ein Kind, dem frühzeitig Grenzen seines Willens aufgezeigt werden, lernt sehr viel besser, mit unvermeidbaren Frustrationen fertig zu werden.

> Übrigens: Kinder, die in jungen Jahren nicht lernen, ihre Gefühle zu beherrschen, haben als Erwachsene oft Ausbrüche von Jähzorn. Diese treten auch bei Erwachsenen nur dann auf, wenn der Betreffende nicht über genügend Kompetenzen verfügt, um eine anstehende problematische Situation zu lösen.

Am Rockzipfel der Mutter: Ihr Kind wird anhänglich

»Als meine Tochter Yvonne drei Jahre alt war, hatte sie einen Teddy, den sie sehr liebte und ohne den sie nirgends mehr hinging. Weil der inzwischen so dreckig war, hatte ich ihn in die Waschmaschine gesteckt. Abends wollte sie nicht einschlafen. Sie bettelte stundenlang um ihren Teddy, bis ich ihn aus der Waschmaschine holte und mit dem Föhn trocknete.«
Britta (31) berichtete, dass Yvonne ohnehin sehr anhänglich war und wie eine Klette an ihr klebte. Sie konnte kaum einen Schritt tun, ohne dass Yvonne hinter ihr herlief und an ihr

herumzupfte. Britta hatte damals gerade wieder angefangen zu arbeiten. Sie bekam ein schlechtes Gewissen und fragte sich, ob es nicht besser gewesenen wäre, mit der Berufstätigkeit noch ein bisschen zu warten.

Nähe und Distanz: Wie viel Zuwendung braucht mein Kind?

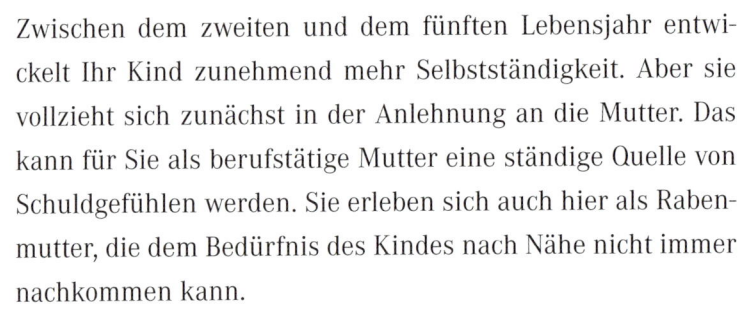

Zwischen dem zweiten und dem fünften Lebensjahr entwickelt Ihr Kind zunehmend mehr Selbstständigkeit. Aber sie vollzieht sich zunächst in der Anlehnung an die Mutter. Das kann für Sie als berufstätige Mutter eine ständige Quelle von Schuldgefühlen werden. Sie erleben sich auch hier als Rabenmutter, die dem Bedürfnis des Kindes nach Nähe nicht immer nachkommen kann.

»Ich wollte um neun Uhr aus dem Haus gehen, die Kinderfrau war schon da und wollte mit Yvonne spielen, aber die ließ mich nicht los. Damals kam dieser Teddy ins Spiel. Ich gab ihn ihr, und sie drückte ihn ganz fest. Von diesem Tag an wurde er ihr ständiger Begleiter. Mir war ganz anders zumute, als ich sie dort stehen sah, mit ihrem Teddy im Arm, und wie sie ihn herumtrug und drückte.«

Kinder brauchen in dieser Zeit die Nähe ihrer Bezugspersonen, das können Mutter oder Vater sein. Aber auch eine andere Person kann die Eltern ersetzen, z.B. eine liebevolle Kinderfrau, die regelmäßig für das Kind da ist und es tagsüber betreut. In unserem Beispiel mit dem Teddy findet das Kind eine »Übergangslösung« oder genauer gesagt ein »Übergangsobjekt«, wie PsychologInnen das nennen. Es tritt an die Stelle der geliebten Mutter und bietet für die Zeit ihrer Abwesenheit einen Ersatz.

Das Spiel von Nähe und Distanz ist eine Gratwanderung im Entwicklungsprozess des Kindes hin zu mehr Selbstständigkeit.

Kleine Helfer: Übergangsobjekte

Abgewetzte alte Kuscheltücher, Windeln, Teddys oder andere Stofftiere benutzen viele Kinder oft jahrelang. Und das ist gut so. Wissenschaftler haben zwar herausgefunden, dass Kinder, die nur wenig Körperkontakt zu ihren Bezugspersonen haben, dazu neigen, sich lange Zeit an Übergangsobjekte zu binden. Sie bewerten das also eher negativ und als Zeichen einer Fehlentwicklung.

Dieser Einstellung vermögen wir jedoch so nicht zu folgen. Übergangsobjekte sind in Zeiten des Umbruchs eine wertvolle Hilfe für Kinder und Eltern. So können sie z. B. bei einem Umzug ein Ersatz für fehlende persönliche Beziehungen zu bestimmten Freunden sein.

»Als wir aus beruflichen Gründen in eine weit entfernte andere Stadt umziehen mussten, bekam unsere Tochter Sybille von ihren Freundinnen ein Kissen mit deren handgeschriebenen Namen geschenkt. Mit diesem Kissen ging sie noch jahrelang ins Bett. Es hatte erst ausgedient, als sie in der neuen Stadt neue Freundinnen gefunden hatte.«

Wenn Sie also wieder berufstätig werden und Ihr Kind einer Kinderfrau oder dem Kindergarten überlassen, können Sie ihm für die Zeit Ihrer Abwesenheit ein Kuscheltuch mit Ihrem Lieblingsduft geben. Sagen Sie ihm, dass es während Ihrer Abwesenheit damit kuscheln und daran riechen kann.

Übergangsobjekte wie Teddys oder Kuscheldecken helfen Ihrem Kind, mit schwierigen Situationen wie z. B. einem Umzug umzugehen.

Weggehen und Wiederkommen: Wie berufstätige Mütter ihrem Kind zu mehr Selbstständigkeit verhelfen

Von klein auf wird Ihr Kind durch die besondere Art und Weise, in der Sie sich um es kümmern, in seinen Bestrebungen unterstützt, selbstständig und damit groß zu werden. Es

Kindererziehung – setzen Sie Ihren Mutterinstinkt ein

beginnt schon im Säuglingsalter, wenn die ersten Schreie Sie heranrufen. So entwickelt es Vertrauen in seine wichtigsten Bezugspersonen. Aber Eltern können nicht immer anwesend sein. Also lernt Ihr Kind einerseits, dass es allein gelassen wird, Eltern andererseits aber auch wiederkommen.

Dieses Verhalten der Eltern ist für die Nähe- und Distanzregulierung der heranwachsenden Kinder sehr wichtig. So können sie lernen, auf andere, aber auch auf sich selbst zu vertrauen. Ihr Kind erfährt, Sie gehen zwar weg, aber Sie kommen auch wieder. Es speichert diese Erfahrungen in seinem Herzen, in seinem Gehirn, in seiner Seele. Wenn Sie wegen Ihrer Berufstätigkeit in Schuldgefühlen versinken, vermitteln Sie selbst Ihrem Kind das Gefühl, dass es nicht in Ordnung ist, wenn Sie gehen. Je selbstverständlicher Sie also mit Ihrem Weggehen umgehen, desto selbstverständlicher wird das auch für Ihr Kind.

Puppenspiele: »Mama muß arbeiten gehen, kommt aber bald zurück!«

Rollenspiele mit Hilfe von Puppen können Ihrem Kind begreiflich machen, warum die Mama immer wieder mal weggehen muss. So wird das Problem von Nähe und Distanz spielerisch eingeübt.

Wenn Sie möchten, können Sie Ihrem Kind im Spiel vermitteln, dass es ganz normal ist, wenn Mama geht, und dass sie in jedem Fall wiederkommt.

»Ich habe mit meinem Sohn Jan (3) viele Dinge durchgespielt, die ihn beschäftigten, z. B.: Weggehen und Wiederkommen. Eine Puppe war Mama, die zur Arbeit musste, die andere war Jan und die dritte war die Kinderfrau Petra. Es dauerte nicht lange, und Jan begrüßte im Spiel seine abends zurückkommende Mama mit einem Freudenschrei. Wir haben uns auch ein kleines Ritual ausgedacht: Wenn ich am Spätnachmittag zurückkam, habe ich mich zuerst umgezogen. Der Junge hatte schnell begriffen, dass Mama einen Moment Ruhe braucht, und erst, wenn ich rief: ›Ich bin fertig‹, dann kam er ins Zimmer gestürzt. Ich nahm ihn auf den Arm und drückte ihn. Er freute sich und gab mir ein kleines Küsschen. Nachdem wir das ein paar Mal gemacht hatten, wurde es zu unserem Begrüßungsritual.«

Ein kleiner Hinweis am Rande: Die heute üblichen Plastikpuppen, wie Barbie oder Hi-Man oder die neuen Puppen aus Japan, sind nicht schädlich für Ihre Kinder. Sie sind nichts anderes als modernisierte Versionen der alten Käthe-Kruse-Puppen. Machen Sie sich also keine Sorgen, wenn Ihr Kind eine solche Puppe haben will. Die Spiele, die es damit spielt, sind die gleichen, die Sie früher auch mit Puppen gespielt haben.

Berühmte Pädagogen wie Bruno Bettelheim (»Kinder brauchen Bücher«) sind der Ansicht: Es kommt nicht darauf an, mit welchen Puppen das Kind spielt, sondern dass es überhaupt mit Puppen spielt, denn damit kann es seine Konflikte und Ängste gefahrlos bewältigen.

Ob Barbie- oder Käthe-Kruse-Puppe ist ganz egal. Hauptsache das Kind lernt im Puppenspiel seine Konflikte bewältigen.

Vom Kinderzimmer in den Kindergarten: Mein Kind wird selbstständig

»Dem ersten Tag im Kindergarten sah ich, ehrlich gesagt, ziemlich nervös entgegen. Ich hatte Angst, Stefan dazulassen, und auch Angst, dass er nicht bleiben will.«

Der erste Tag im Kindergarten bedeutet für Mutter und Kind einen wichtigen Einschnitt im Leben. Hier zeigt sich oftmals, wie erfolgreich Mütter und Kinder inzwischen gelernt haben, miteinander um- und aufeinander einzugehen. Diese wichtige Entwicklungsphase, die den Übergang von der überschau-

Kindererziehung – setzen Sie Ihren Mutterinstinkt ein

baren Welt zu Hause in die andere, für das Kind noch unbekannte Welt des Draußen kennzeichnet, kann zu einem Problem für alle Beteiligten werden. Dabei können Vollzeitmütter ebensolche Probleme haben wie Teilzeitmütter. Aber sie unterscheiden sich an einem wesentlichen Punkt:
Berufstätige Mütter haben einfach weniger Zeit zur Verfügung als die nicht erwerbstätige Vollzeitmutter.

Nur eine Rabenmutter gibt ihr Kind in den Kindergarten? Vergessen Sie Ihr schlechtes Gewissen. Das ist ein Vorurteil.

»Ich beobachtete andere Mütter, von denen ich wusste, sie sind den ganzen Tag zu Hause, kümmern sich ›nur‹ um Mann, Kinder und Haushalt. Da war meine Nachbarin Isolde, die überall verkündete, sie würde ihr Kind nie in den Kindergarten geben, das wäre nur was für Rabenmütter. Aber es gab auch Marie, die allein erziehende Mutter, die gerade von ihrem Mann verlassen worden war und gar keine andere Möglichkeit hatte, als ihr Kind in den Kindergarten zu bringen. Und ich? Ich hatte wieder mal ein schlechtes Gewissen und Angst davor, wie mein Sohn das Ganze verdauen würde.«

Ob Vollzeit- oder Teilzeitmutter, die meisten Frauen sehen dem ersten Tag ihres Kindes im Kindergarten mit gemischten Gefühlen entgegen. Bei den von uns interviewten Frauen gab es sehr unterschiedliche Meinungen dazu. Dabei kristallisierten sich drei Argumentationsstränge heraus:

- Vollzeitmütter halten den Kindergarten oft für eine Ersatzlösung von berufstätigen Frauen, um ihre Kinder tagsüber abgeben zu können.
- Teilzeitmütter hingegen betonen den Stellenwert der Kindergartenerziehung für die soziale Entwicklung ihres Kindes.
- Allein erziehende Mütter gaben an, gar keine andere Wahl zu haben, als ihr Kind im Kindergarten unterbringen zu müssen.

Heute sind sich die meisten Wissenschaftler einig: Der Kindergarten stellt eine wichtige Sozialisationsinstanz dar. Die Vorteile der Kindergartenerziehung beschreibt der Psychologe E. Kuno Beller:

- Die Tagesbetreuung von Kindern wird unter dem übergreifenden Aspekt der Vereinbarkeit von Familie und Beruf betrachtet.
- Sie bietet kleinen Kindern die Möglichkeit, familienübergreifende Erfahrungen zu machen.
- Das Zusammenleben in der Gruppe soll Kindern soziale Erfahrungen ermöglichen, die über die Erfahrungen der Familie hinausgehen.
- Sie können dort lernen, selbstbestimmt Regeln mit anderen auszuhandeln.
- Im Kindergarten sollen Kinder mit unterschiedlichen Voraussetzungen und Entwicklungsständen zusammengeführt und integriert werden.

Der Kindergarten eröffnet Ihrem Kind Möglichkeiten der Entwicklung, die es allein in der Familie nicht hätte.

Probleme beim Übergang in den Kindergarten

Es ist ganz normal, wenn Ihr Kind Probleme beim Übergang von der Familie in den Kindergarten hat. Schließlich hat es sich bei Ihnen wohl gefühlt. Es kannte die Tagesabläufe zu Hause genau und hatte sich an diese gewöhnt. Und nun, mit einem Mal, soll es sich einer neuen, unbekannten Situation aussetzen. Das ist nicht nur für kleine Kinder eine Angst auslösende Situation.

Auch Erwachsene, die in ihrer Kindheit nicht oder nur kaum gelernt haben, sich Neuem zu stellen und es als Entwicklungsmöglichkeit und Bereicherung zu betrachten, kennen solche Schwierigkeiten.

Kindererziehung – setzen Sie Ihren Mutterinstinkt ein

Gut zu wissen (!)

Übergangsschwierigkeiten beim Bewältigen neuer Aufgaben:
- Angstgefühle
- Vorahnungen
- Abwehrreaktionen: Vermeidung, Aggression (als Folge der nicht bewusst wahrgenommenen Ängste), Klammern an die Mutter
- Weinen (als Trauerreaktion ebenso wie als Eingeständnis der eigenen Hilflosigkeit)

Auch die betroffenen Mütter entwickeln, wie Sie in unserem Beispiel lesen konnten, Ängste und Sorgen. Wird mein Kind diesen Schritt gut überstehen? Werde ich mich vor den Kindergärtnerinnen blamieren? Solche Gedanken und Empfindungen sind normal. Sie zeigen, dass die Mutter sich Gedanken über die Entwicklung ihres Kindes macht. Aber sie zeigen auch, dass die Mutter ihrem Kind (noch) nicht zutraut, diese Übergangsprobleme auch erfolgreich zu bewältigen.

Der Eintritt in den Kindergarten ist ein Übergangsphänomen, das Mutter und Kind gleichermaßen zu bewältigen haben.

Untersuchungen haben ergeben, dass Übergangsprobleme (auch bei anderen Übergangsphänomenen) hauptsächlich entstehen, wenn die erwarteten Aufgaben und das Gefühl, diese auch bewältigen zu können, zu stark auseinander driften. Schon der Säugling kennt dieses Gefühl von Verlassenwerden und Wiederkommen, und jede einzelne positive Erfahrung im Sinne von »Mama kommt zurück!« stärkt das Urvertrauen des Kindes. Jedesmal, wenn ein Kind einer neuen, unerwarteten Situation gegenübersteht, entwickelt es zunächst Ängste, diese nicht bewältigen zu können. Je nachdem, wie stark diese

Ängste sind und wie stark das Selbstbewusstsein des Kindes ausgeprägt ist, wird es in einen Konflikt geraten.

> **Tipp**
>
> Eine einfache Faustregel: Je stärker die Angst, desto schwächer das Gefühl, die Aufgabe bewältigen zu können. Je stärker das Selbstbewusstsein, desto schwächer das Gefühl, an der Aufgabe scheitern zu können.

So machen Sie Ihr Kind fit für den Kindergarten

Kinder, die schon frühzeitig in ihrem Selbstbewusstsein, in dem Bewusstsein ihrer eigenen Fähigkeiten, gestärkt werden, haben mehr Zutrauen in ihre Kompetenzen. Wenn Sie also Ihrem Kind helfen wollen, solche vorhersagbaren Übergangsphänomene erfolgreich zu bewältigen, stärken Sie, wo immer Sie es für sinnvoll halten, das heranwachsende Selbstbewusstsein Ihres Kindes. Dies kann beim Spiel ebenso gut geschehen wie beim Essen, beim Anziehen oder bei anderen Tätigkeiten, die der Alltag mit Kindern in Hülle und Fülle bereit hält.

Eine wichtige Erkenntnis: Diese Stärkung des Selbstwertgefühls Ihres Kindes bedeutet keine zusätzliche Aufmerksamkeit, keine zusätzlichen Maßnahmen, keinen weiteren Stress für Mutter und Kind, keine besonderen Aufgaben, die es zu erledigen gilt, sondern kann in den ganz normalen Alltag mit dem Kind eingebaut werden. Es geht nicht darum, noch mehr mit dem Kind zu veranstalten, sondern das, was Sie ohnehin tun, anders als bisher zu tun.

Stärken Sie frühzeitig das Selbstwertgefühl und das Selbstbewusstsein Ihres Kindes. Dann hat es weniger Probleme mit Übergangsphänomenen, auch später als Erwachsener.

Kindererziehung – setzen Sie Ihren Mutterinstinkt ein

Mit einfachen Mitteln können Sie Ihr Kind fit für den Kindergarten machen, ohne dass Sie sich dabei anstrengen müssen. Hier ein paar Tipps für wirksame Maßnahmen, die sich in Ihren Alltag einfügen lassen und Ihrem Kind den Übergang in den Kindergarten erleichtern:

- Zeigen Sie ihm bei einem Spaziergang den Kindergarten (von außen).
- Erklären Sie ihm in einfachen Worten, wozu diese Einrichtung dient.
- Spielen Sie zu Hause mit Puppen »Kindergarten«.

Es kommt hier auch darauf an, dass Sie Ihrem Kind signalisieren: Der Übergang in den Kindergarten ist ganz normal, er gehört dazu. Je stärker Sie diesem Phänomen eine besorgte Aufmerksamkeit widmen, desto stärker wird Ihr Kind Ihre Ängste spüren und darauf reagieren (nicht immer positiv). Je stärker Sie selbst jedoch diesen Schritt als einen ganz normalen Schritt zu mehr Selbstständigkeit Ihres Kindes akzeptieren, desto weniger müssen Sie aktiv zur Bewältigung von Schwierigkeiten tun. Folgende Hinweise sollen Ihnen helfen, einige Dinge einfacher als bisher zu handhaben und Ihre eigenen Ängste zu reduzieren:

- Besuchen Sie schon vor dem Übergang in den Kindergarten selbst die Einrichtung und informieren Sie sich.
- Lernen Sie die Kindergärtnerinnen persönlich kennen und schätzen und überzeugen Sie sich, dass Ihr Kind dort gut aufgehoben ist.
- Dann lassen Sie Ihr Kind los. Sie brauchen keine Schuldgefühle zu entwickeln.
- Überlegen Sie, wie Sie die gewonnene Zeit für sich selbst nutzen können.

Ängste übertragen sich von der Mutter auf das Kind. Wenn sich die Mutter keine Sorgen wegen des Eintritts in den Kindergarten macht, dann tut es das Kind auch nicht.

»Mein Kind ist aggressiv!«
Schwierigkeiten im Kindergarten

Neben der Aggression gibt es natürlich noch andere Schwierigkeiten wie z. B. Weinerlichkeit, Klammern usw. Doch diese verschwinden in der Regel von allein. Die Aggression aber kann ein größeres Problem werden.

»Als ich Meik (4) vom Kindergarten abholen wollte, nahm mich die Kindergärtnerin an die Seite. ›Ich muß Sie kurz sprechen. Es ist wichtig.‹ Das Herz schlug mir bis zum Hals. Ich befürchtete das Schlimmste. Die Kindergärtnerin berichtete: ›Ihr Sohn hat heute morgen einem kleineren Jungen mit einem Bauklotz auf den Kopf geschlagen. Der Kleine heulte ganz fürchterlich. Aber Ihr Sohn hörte damit nicht auf. Ich mußte die beiden trennen.‹«

Frederike (29) nahm ihren Sohn an die Hand und verließ verunsichert den Kindergarten. Beim Abendessen erzählte sie ihrem Mann Richard (32) von dem Vorfall. »Ich war ganz pikiert. Mein lieber Meik haut einem anderen, dazu auch noch kleineren Kind einen Bauklotz auf den Kopf. Ich konnte es mir gar nicht vorstellen.«

Ursachen von Aggressionen im Kindergarten

Natürlich ist es schlimm, wenn ein Kind ein anderes schlägt. Kindern sollte man beibringen, Konflikte ohne Gewalt zu lösen. Andererseits sollte man so einen Vorfall auch nicht überbewerten, sondern das Kind fragen, warum es geschlagen hat. Machen Sie Vorschläge, wie es sich anders verhalten könnte. Die Äußerungen der Erzieherin führen gleich zu dem schlechten Gewissen, eine Rabenmutter zu sein, die sich (z. B. weil sie berufstätig ist) so wenig kümmert, dass ihr Kind gleich mit

Urteilen Sie nicht vorschnell über die Ursachen von Aggressionen. Besser ist es, erst einmal mit Ihrem Kind über sein Verhalten zu sprechen.

Kindererziehung – setzen Sie Ihren Mutterinstinkt ein

Aggression reagiert. Aggressionen können aber vielfältige Ursachen haben:
- Aufmerksamkeit erregen
- Auf Wünsche und Bedürfnisse aufmerksam machen
- Reaktionen auf familiäre Konflikte
- Probleme mit anderen Kindern
- Jemanden für sein Verhalten strafen

Nicht jedes aggressive Verhalten ist sofort als eine Verhaltensstörung aufzufassen.

Auch hier machen sich viele Eltern unnötige Sorgen um das Verhalten ihrer Kinder. Die meisten Verhaltensauffälligkeiten in diesem Alter (von drei bis sechs) treten in Übergangssituationen auf und verschwinden nach der Bewältigung dieses Übergangs auch wieder. Erst wenn Verhaltensauffälligkeiten über das fünfte bis sechste Lebensjahr hinaus häufig und über den Zeitraum von mindestens einem halben Jahr auftreten, sprechen Experten von einer Verhaltensstörung.

Das war bei Meik nicht der Fall. Bei einem Gespräch mit Meik kristallisierte sich schnell heraus, dass das andere Kind zusammen mit Meik einen Turm gebaut und dabei den Turm versehentlich umgestoßen hatte. Meik wollte ihn dann, um dem »kleinen Kind« zu zeigen, wie groß er schon ist, wieder aufbauen, doch der Turm fiel auch bei Meik wieder um. Wütend machte der Junge das andere Kind für seine eigenen mangelnden Fähigkeiten verantwortlich.

Meik versuchte mit seiner Umwelt klarzukommen und stieß dabei an die (vorläufigen) Grenzen seiner Fertigkeiten. Er reagierte auf diese frustrierende Situation mit Aggression. Meik besaß noch nicht die Kompetenz, diese Situation anders zu lösen. Unter »Kompetenz« verstehen Pädagogen »die Fertigkeit eines Individuums zur effektiven Auseinandersetzung mit Situationen«.

So wird Ihr Kind mit seinen aggressiven Impulsen fertig

Bleiben Sie also ruhig! Lassen Sie sich von niemandem verrückt machen oder ein schlechtes Gewissen einreden. Bevor Sie irgendetwas tun, verschaffen Sie sich zunächst einen Überblick, was genau passiert ist. Nehmen Sie Ihr Kind ernst und fragen Sie, was los war und warum es sich so verhalten hat. Damit drücken Sie Ihre Bereitschaft aus, ihm zu helfen. Wenn Sie das Gefühl haben, Sie verstehen, was los war, überlegen Sie, wie Sie damit umgehen wollen.

Sie können mit Ihrem Kind über den Vorfall sprechen. Aber zwingen Sie es nicht. Vermeiden Sie Strafe. Überlegen Sie eher gemeinsam, wie das wieder gut zu machen ist. Ihr Kind darf genauso wie Sie Fehler machen, Defizite haben und auch mal ausrasten. Es muß ja noch lernen, mit seinen Gefühlen adäquat umzugehen. Nur weil es dabei mal über die Stränge schlägt, wird es sich noch lange nicht zu einem späteren Raufbold entwickeln. Widmen Sie dem Vorfall nicht mehr Aufmerksamkeit als nötig. Überdenken Sie Ihren eigenen Umgang mit Aggressionen. »Perfekte Mütter« haben häufig den Anspruch, sich solche unliebsamen Gefühle vom Leibe zu halten. Aggression ist in ihren Augen ein verbotenes Gefühl und aggressives Verhalten schier unverzeihlich. Hier wäre es angebracht, etwas milder gegen sich selbst zu sein. Aggressionen sind wichtig, nötig und gehören zum Leben dazu. Wenn Aggressionen kein Ventil finden, köcheln sie unter der Decke, bis es zum unkontrollierten Ausbruch kommt oder Sie krank werden. Wenn Sie sich erlauben, auch mal aggressiv zu sein, geben Sie Ihrem Kind das Signal, dass solche Gefühle erlaubt sind, es aber darauf ankommt, wie man mit ihnen umgeht.

Aggressionen gehören zum Leben und treten immer wieder auf. Für Ihr Kind ist es wichtig, zu lernen, wie es mit Aggressionen umgehen kann.

Kindererziehung – setzen Sie Ihren Mutterinstinkt ein

Ordnung und Sauberkeit: Mama ist keine Putzfrau

»Ich hatte an diesem Tag wirklich keine Lust mehr, noch irgendwas zu tun, aber dann warf ich einen Blick ins Kinderzimmer, und meine guten Vorsätze waren dahin.« Welche Mutter kennt nicht das alltägliche Chaos im Kinderzimmer? Tag für Tag räumen gestresste Mütter hinter ihren »lieben Kleinen« her. Aber bei aller Liebe: Muss das sein?

Wir haben bei unseren Recherchen festgestellt, dass gerade jüngere Mütter sich mit dieser Thematik leichter tun: »Ich habe meiner Tochter Lotte von klein auf beigebracht, ihre Sachen selbst wegzuräumen. Heute brauche ich nur noch etwas zu sagen, und sie räumt freiwillig auf. Wenn sie größer ist, hoffe ich, dass sie es auch von allein macht.«

Mütter haben es selbst in der Hand: Halten Sie Ihr Kind frühzeitig zum Aufräumen an, dann müssen Sie nie wieder die Putzfrau abgeben.

Tipp (!)

Vier Lernschritte zum Aufräumen:
- Fangen Sie damit an, sobald Ihr Kind in der Lage ist, ein paar Dinge aufzuräumen.
- Am Anfang zeigen Sie es und machen es mit dem Kind gemeinsam.
- Nach und nach ziehen Sie sich zurück und lassen das Kind allein weitermachen.
- Loben Sie Ihr Kind dafür.

Mütter, die ihren Kindern alles hinterherräumen, erziehen ihre Kinder zur Nachlässigkeit. Wer alles selbst macht und dabei noch schimpft, darf sich nicht wundern, wenn dabei ein kleines verwöhntes Kind herauskommt. Kinder erziehen, so haben Wissenschaftler unlängst herausgefunden, auch ihre

Eltern. Erziehung ist keine Einbahnstraße. Sobald Kinder mitbekommen, Mama macht alles, ich brauche nichts zu tun, sind sie auch schlau genug, das auszunutzen. Hören Sie damit auf, es sei denn, Sie wollen ein unselbstständiges Kind.

Das Gleiche gilt für das Selbstanziehen, die Schuhe zumachen, selbst essen, die Jacke holen und vieles mehr. Haben Sie schon einmal überlegt, was Sie im Laufe eines Tages alles tun, damit Ihr Kind es gut hat und Sie die Arbeit?

Nur ein Kind, das von klein auf vieles selbst macht, wird auch tatsächlich selbstständig.

> Leiten Sie Ihr Kind so früh wie möglich an, alles selbst zu machen. Loben Sie es für jeden kleinen Schritt, den es dabei schafft. So schaffen Sie es, dass Ihr Kind selbstständig wird und Zutrauen zu den eigenen Fähigkeiten bekommt!

(!) **Tipp**

Schule, Hausaufgaben, Klassenarbeiten: Stress für Eltern und Kinder?

Svenna ist neun Jahre alt und hat eigentlich keine Probleme in der Schule. Sie ist eine durchschnittliche Schülerin. Svennas Mutter Sabrina ist MTA, aber stundenweise im gut laufenden Tischlereibetrieb ihres Mannes im Büro tätig. Sie macht täglich mit Svenna Schularbeiten, weil sie der Meinung ist, dass Svenna gar nichts machen würde, wenn sie nicht dabeisäße. Sie sorgt sich um ihre Tochter, die hin und wieder neben den üblichen Dreier-Zensuren, die Sabrina für schlechte Zensuren hält, auch mal mit einer Vier oder Fünf nach Hause kommt.

»Mit einer Drei in den meisten Fächern wird sie nicht aufs Gymnasium gehen können.«

Svenna hat noch einen Bruder, der ebenfalls »schlecht« in der Schule ist. Bei ihm kommen noch andere Probleme hinzu. »Mark ist sehr aggressiv. Es vergeht kaum ein Tag, an dem er nicht wieder irgendwelchen Blödsinn gemacht hat«, berichtet Sabrina, »ich arbeite zwar nur ein paar Stunden am Tag im Büro, aber das reicht schon. Meistens bin ich vormittags dort, dann koche ich das Essen, wir essen gemeinsam, und dann mache ich mit den Kindern ein paar Stunden Schularbeiten.«

Schularbeiten: Wie viel Hilfe braucht mein Kind wirklich?

Sabrina will natürlich das Beste für ihre Kinder. Sie weiß um die Bedeutung eines guten Schulabschlusses für den späteren beruflichen Weg und versucht so frühzeitig wie möglich, Einfluss auf das Lern- und Leistungsverhalten ihrer Kinder zu nehmen. Sie nimmt sich trotz ihrer Berufstätigkeit viel Zeit und ist bemüht, ihre Kinder optimal zu fördern. Das kennt sie von zu Hause.

»Mein Vater war ein kleiner Angestellter, der es mit viel Arbeit zu einem kleinen selbstständigen Betrieb als Besitzer einer Gaststätte gebracht hat. Meine Mutter war Hausfrau. Ich habe zu Hause gelernt, meine Bedürfnisse hintan zu stellen. Ich mußte viel helfen. Etwas zu leisten war sehr wichtig. Wie es uns damit ging, wurde nicht gefragt.«

Sabrina glaubt, mit stundenlanger Beaufsichtigung der Schularbeiten ihrem Kind zu helfen, in der Schule besser zurechtzukommen. »Aber das wurde und wurde nicht besser. Einmal hatte ich so die Nase voll, dass ich gesagt habe, das mache ich

Mit der stundenlangen Beaufsichtigung von Schularbeiten helfen die Mütter ihren Kindern nicht. Oft erreichen sie bloß das Gegenteil aller Bemühungen.

nicht mehr. Dann habe ich Svenna ganz allein Schularbeiten machen lassen. Aber das half auch nicht.«

Dabei hätte Sabrina besser auf ihre Gefühle der Wut gehört, denn diese signalisierten der jungen Frau: »Es reicht. So geht das nicht!« Doch sie war zu diesem Zeitpunkt noch nicht in der Lage, auf ihre innere Stimme zu hören.

»Weniger ist mehr!« Kinder brauchen Freiräume

Sabrina ignoriert ihre Gefühle und konzentriert sich stattdessen zuerst auf ihr Kind. Warum tut sie das?

Sabrina reagiert auf dem Hintergrund ihrer eigenen Erfahrungen als Kind. Sie lernte zu Hause, man muss hart arbeiten, damit etwas aus einem wird. Das erwartet sie auch von ihrer Tochter. Um ihr dabei zu helfen, unterstützt sie Svenna über ihre eigenen Grenzen hinaus, und obwohl diese signalisiert, dass sie kein Interesse an dieser Art von Hilfe hat und sich sehr eingeengt fühlt.

Kinder brauchen Freiräume, in denen sie sich selbst und ihre Fähigkeiten entdecken können. Dabei dürfen sie Fehler machen und Umwege gehen. Das macht sie kreativ in der Entwicklung der Fähigkeit, mit Schwierigkeiten fertig zu werden. Und Eltern müssen lernen, den eigenen Perfektionsanspruch zu reduzieren und Kinder ihre Erfahrungen selbst machen zu lassen.

Nur wenn Kinder Fehler machen und Umwege gehen dürfen, können sie ihre Fähigkeiten eigenständig entwickeln.

Was wäre denn so schlimm daran, wenn Svenna keine Hausaufgaben macht? Schlimmstenfalls würde sie einen Rüffel von der Lehrerin kriegen. Na und? Wenn das häufiger passiert, muß Svenna für die Konsequenzen einstehen. Das sollte sie auch tun, denn nur dann würde sich etwas ändern.

»Es fiel mir sehr schwer einzusehen, dass ich Svenna mit immer mehr Schularbeitenzeit am Nachmittag eher daran gehindert habe, ihre Fähigkeiten zu entwickeln und besser zu werden. Nachdem ich ihr mehr Freiräume ließ, veränderte sich das. Sie wurde mit der Zeit besser in der Schule.«

Sabrina kümmerte sich wieder verstärkt um sich selbst. Das führte zur Entlastung in der Beziehung zwischen den beiden. Svenna bemühte sich jetzt mehr um die Mutter. Und wenn sie Hausaufgaben machte, stellte sie der Mutter schon mal eine Frage.

Achtung ⚠

Wenn Ihnen die Leistungen Ihres Kindes Sorgen bereiten, sollten Sie folgende Dinge beachten:
- Wie viel Zeit verbringen Sie und das Kind mit Schularbeiten oder dem Üben vor Klassenarbeiten? Die meisten Kinder lernen, wenn sie in der Schule aufpassen, bereits genug. Vermitteln Sie Ihrem Kind, wenn es in der Schule gut aufpasst, braucht es weniger zu üben. Davon profitieren auch Sie!
- Lassen Sie sich und Ihrem Kind genügend Freiräume, sich nach der Schule erst auszuruhen? Nach der Schule braucht Ihr Kind Ruhe zur Entspannung und um den Schulstress zu verarbeiten. Wer ausgeruht ist, lernt besser und intensiver.

Ein Kind, dem auch beim Lernen Freiräume eingeräumt werden, entwickelt sich zu einem selbstständigen Kind.

Das Ziel entspannten Lernens ist das selbstständige Kind, das immer weniger Hilfe braucht. Überprüfen Sie alle Maßnahmen, die Ihrem Kind helfen sollen, seine Schulaufgaben möglichst perfekt zu machen, daraufhin, ob sie ihm zu mehr Selbstständigkeit verhelfen.

Die Selbstständigkeit Ihres Kindes entlastet Sie selbst und spart Ihnen Zeit, die Sie für andere Dinge und für sich selbst sinnvoll nutzen können.

Erziehungsprobleme in der Pubertät – wenn die Hormone tanzen

An diesem Tag brach für Kathrin beinahe ihre heile Welt zusammen. Sie war völlig geschafft von der Arbeit gekommen, hatte die Haustür aufgeschlossen und blieb wie angewurzelt stehen.
»Die Wohnung sah aus wie ein Schlachtfeld. Gleich im Flur stolperte ich über einen Haufen Hosen, in der Küche das absolute Chaos und aus dem Keller, wo mein Sohn sich ein Zimmer eingerichtet hatte, drang laute Musik.«
Kathrin (41) ist eine ruhige, ausgeglichene Lehrerin, die von ihren Schülern eigentlich bereits einiges gewohnt ist. Sie unterrichtet in einem »Ballungszentrum« in Berlin und ist mit den Pubertätsproblemen heranwachsender Jugendlicher aus der Schule vertraut.
»Aber an diesem Tag setzte mein Sohn mich schachmatt. Am Morgen hatte ich noch vor der Schule alles aufgeräumt, damit ich nach dem Unterricht etwas Zeit für mich habe, aber jetzt sah es aus, als wäre in unserem Haus seit Wochen nicht mehr sauber gemacht worden. Ich lief wütend in den Keller und riss die Tür auf, dann begann ich zu schreien, dem würde ich es zeigen, dachte ich noch, aber der Schrei blieb mir im Hals stecken. Mein Sohn schlief gerade mit der minderjährigen Tochter meines Nachbarn.«

In der Pubertät können selbst die gelassensten Eltern von ihren Kindern aus der Fassung gebracht werden.

Kindererziehung – setzen Sie Ihren Mutterinstinkt ein

Das ganz »normale« Chaos pubertierender Kinder

Die Anlässe für den Ärger mit den »lieben Kleinen«, die nun in die Jahre gekommen sind, können vielfältig sein:
- unaufgeräumte Zimmer
- schlampiges Outfit
- zu früher Sex
- zu hohe Taschengeldforderungen
- zu spätes Nachhausekommen
- zu langes Telefonieren
- Rauchen
- Schulprobleme
- Verhaltensauffälligkeiten

Betroffene Eltern wie die Lehrerin Kathrin fragen sich, ob ihre Kinder noch »normal« sind. Trotz guter Ausbildung, einem großen Horizont und einem gerüttelt Maß an Lebenserfahrung werden viele Eltern von den Turbulenzen der Teenager überrascht. Zu groß sind die Unterschiede zwischen den Vorstellungen der Eltern, wie ihre Kinder sein sollten, und dem, was sie ihnen in der Pubertät an Verhaltensweisen bieten.

Das Phänomen, nach dem griechischen Wort »pubes« (Schamhaar) benannt, ist so alt wie die Menschheit. Schon Aristoteles klagte vor 2350 Jahren: »Die Jugendlichen sind hitzig und jähzornig und bereit, ihrem Zorn zu folgen ... Alles tun sie im Übermaß.« Der Philosoph kritisierte die pubertierende Jugend seiner Zeit und bescheinigte ihr: »Sie haben schlechte Manieren und verachten die Autorität ... und tyrannisieren ihre Lehrer.«

»Seit den alten Griechen hat sich daran nichts geändert«, so auch der »Stern«-Autor Jürgen Petschull. Nur wisse man heute etwas besser Bescheid als damals, warum die Jugendlichen in einem bestimmten Zeitraum ihres Lebens rebellisch werden.

Bereits die alten Griechen haben das Problem der Pubertät leidvoll erfahren und ertragen.

Die Phasen der Pubertät

- Vom 11. bis zum 14. Lebensjahr: In der ersten Phase der Pubertät, die von den Wissenschaftlern Vorpubertät genannt wird, verändert sich der Stoffwechsel Ihres Kindes radikal. Die Hormone beginnen verrückt zu spielen, die Produktion der Sexualhormone beginnt. Bei den Mädchen werden Östrogene, bei den Jungen Testosterone und Androgene ausgeschüttet. Bei beiden Geschlechtern produzieren die Drüsen verstärkt Adrenalin. Sie können an Ihren Kindern die Veränderungen ablesen: Körper- und Schambehaarung wachsen, der Körper bildet geschlechtsspezifische Formen aus. Sie werden launisch, schwanken zwischen Depression und Aggression hin und her, sind schüchtern oder haben exzessive Wutausbrüche.
- Vom 15. bis zum 16. Lebensjahr: In der Hauptphase der Pubertät setzt sich die physische und psychische Entwicklung rasant fort. Die Talgproduktion der Drüsen wird umgestellt, Pickel werden zum Problem. Die einstmals glatte Haut wird zur Horrorkulisse. Mädchen wie Jungen leiden gleichermaßen. Ausgerechnet in dieser Zeit, wo sie mit ihrem Aussehen nicht zufrieden sind und eine eigene Identität suchen, entdecken sie auch das andere Geschlecht. Die Eltern werden die »unwichtigsten Personen der Welt«. An ihre Stelle treten Freunde und die Clique, in der sie sich nun mehr aufhalten als zu Hause. Der Abnabelungsprozess Ihrer Kinder hat nun begonnen.
- Vom 17. bis zum 18. Lebensjahr: In dieser Zeit entwickeln die meisten Kinder Selbstvertrauen, das durch Selbstüberschätzung gekennzeichnet ist. Sie gehen die ersten (festen) Partnerschaften ein, während die Familie in den Hintergrund

Man unterscheidet drei Phasen der Pubertät.

tritt. Aber es ist auch die Zeit des Erwachsenwerdens, die Zeit der Auseinandersetzung mit den Eltern und ihren Werten, mit Zukunftsängsten und allem, was zum Generationskonflikt dazugehört. Sie sind anfällig für Ideologien, engagieren sich, nabeln sich langsam, aber sicher immer weiter von den Eltern ab.

> **Achtung** ⚠️ Kinder, die nun anfangen zu studieren, haben eventuell eine etwas längere pubertäre Phase, die nicht selten erst mit dem Ende des Studiums beendet wird.

»Die Nerven liegen blank« – im wahrsten Sinne des Wortes. Denn erst in der Pubertät ist die Entwicklung des Gehirns vollständig abgeschlossen.

Neben den beschriebenen physiologischen Stoffwechselveränderungen finden aber auch noch andere, ebenso einschneidende Veränderungen statt, wie amerikanische und kanadische Wissenschaftler erst kürzlich herausfanden: Das menschliche Gehirn entwickelt sich, anders als bisher angenommen, noch bis ins frühe Erwachsenenalter weiter! Der präfrontale Cortex, ein wichtiges Steuerzentrum des Gehirns, wird erst jetzt voll funktionsfähig. Die Nervenbahnen, die für die Kontrolle der Emotionen, hier vor allem der Aggression, zuständig sind, erhalten erst im Alter der Pubertät eine Art Isolierung, die so genannten Myelinhüllen. Das ist ein Mantel, der die Nervenzellen umschließt.

»Mit anderen Worten: In den Köpfen der Pubertierenden liegen die Nerven blank«, schreibt der »Stern«-Autor Jürgen Petschull, der in seinem Artikel die neusten Forschungsergebnisse zusammengetragen hat.

So überstehen Sie als Eltern die Pubertät Ihrer Kinder

»Ich stand vor diesem Chaos und war sprachlos. Ich wusste das erste Mal seit langem nicht mehr, was ich tun sollte.« Diese Klage hörten wir bei der Recherche zu unserem Buch immer wieder. Da können Eltern noch so verständnisvoll sein, sich viele Gedanken über ihren Nachwuchs machen, in der Pubertät geraten sie nicht selten an ihre Grenzen. Das muß nicht sein.

Die meisten der in diesem Buch beschriebenen Erziehungsprobleme sind, wie eingangs schon gesagt, vorhersehbar. Es handelt sich dabei um sogenannte »Übergangsphänomene«, die neben vielen anderen Faktoren eine wichtige Eigenschaft haben: Sie gehen wieder vorüber! Sie brauchen sich keine Sorgen zu machen. Die meisten Kinder überstehen (wie ihre Eltern auch) die Pubertät ohne größeren Schaden!

Auch die Pubertät ist im Hinblick auf die Erziehung als ein Übergangsphänomen zu betrachten.

Auch wenn Sie es vielleicht nicht glauben wollen: Aber mit pubertierenden Jugendlichen kann man überhaupt nicht klarkommen. Schminken Sie sich für die nächste Zeit des Zusammenlebens mit dem Teenager alle Ansprüche ab, von denen Sie bisher glaubten, sie wären für die Erziehung unerlässlich. Es gibt kein brauchbares Konzept für den Umgang mit pubertierenden Teenies. Das Einzige, worauf es wirklich ankommt: Machen Sie deutlich, dass Sie Ihr Kind lieb haben und dass Sie da sind, wenn es Sie braucht. Das heißt natürlich nicht, dass Sie alle Zicken dulden und einfach hinnehmen müssen, sondern meint die emotionale Grundhaltung, mit der Sie Ihrem Kind begegnen.

Nicht das merkwürdige Verhalten dieser scheinbar völlig aus der Art geschlagenen Spezies sollte im Mittelpunkt Ihrer Betrachtungen stehen, sondern das Bewusstsein, dass auch

Kindererziehung – setzen Sie Ihren Mutterinstinkt ein

diese Zeit nur eine, wenn auch etwas länger dauernde Übergangszeit ist. Später, wenn Sie diese Krise glücklich überstanden haben, werden Sie feststellen, dass aus diesen Chaoten ganz vernünftige Erwachsene werden, die dann auf einmal all das tun, was Sie sich jahrelang gewünscht haben.

Tipp ❗

Der Umgang mit pubertierenden Jugendlichen ist immer schwierig. Vermeiden Sie extremes Verhalten und zeigen Sie sich selbst möglichst entspannt.

Acht Tipps für einen entspannten Umgang mit pubertierenden Jugendlichen
- Schrauben Sie sich nicht an die Decke, sondern Ihre Ansprüche an sich selbst und den Jugendlichen zurück.
- Die Kritik kann kurz sein, aber lang wirkt die Kränkung nach. Vermeiden Sie alles, was auf das Kritisieren von Kleidung, Musik, Hobbys oder Freunden hinausläuft, sondern nehmen Sie das interessiert zur Kenntnis.
- Bleiben Sie sich treu und *biedern Sie sich nicht an.* Sie müssen nicht zum Pseudojugendlichen mutieren, um alles gut finden zu können, was Ihre Sprösslinge treiben.
- Spielen Sie nicht Taxi. Es gibt für einen Jugendlichen nichts Schlimmeres als Eltern, die ihn aus der Disco oder von einer Party abholen. Damit stellen Sie Ihr Kind den anderen Kids gegenüber bloß.
- Lassen Sie sich nicht herumkommandieren oder ausnutzen. Es gibt auch Jugendliche, die den Taxidienst gern in Anspruch nehmen, und Eltern, die meinen, ihn leisten zu müssen.

Erziehungsprobleme in der Pubertät

- Richten Sie sich für etwa drei bis vier Jahre darauf ein, Ihre Hausarbeit nun ohne die Hilfe des Jugendlichen fertig zu bekommen. Sehen Sie sich rechtzeitig nach anderen Helfern um. Lassen Sie das Zimmer in Ruhe vor sich hin gammeln.
- Wenn es nicht mehr anders geht: Eine gute Methode, den Jugendlichen zum Zimmeraufräumen zu bewegen, ist die *Erpressung.* Nach dem Motto »Wie du mir, so ich dir« winken Sie mit dem Zaunpfahl, wenn er die Hand aufhält und ein neues Skatershirt oder ein Handy haben will.
- Jugendliche haben übrigens immer Recht! Wussten Sie das noch nicht? Probieren Sie es einmal aus: Geben Sie ihm Recht, und Sie haben Ihre Ruhe. Sollten Sie das aus Prinzip einmal nicht können, verkneifen Sie sich Ihre persönliche Meinung.
- Bestehen Sie bloß nicht mehr darauf, dass Ihr Kind pünktlich nach Hause kommt. Lassen Sie es selbst entscheiden. Zeigen Sie Vertrauen, auch wenn es Ihnen gerade in dieser Zeit schwer fällt.
- Vertrauen Sie Ihrem Kind! Nach etwa drei Jahren wird es wieder normal. Während dieser Zeit können Sie nur eines tun: Zeigen Sie, dass Sie es trotz allem lieb haben.

Die Pubertät ist eine Zeit, in der Sie mit Vertrauen sehr viel mehr erreichen als mit Forderungen.

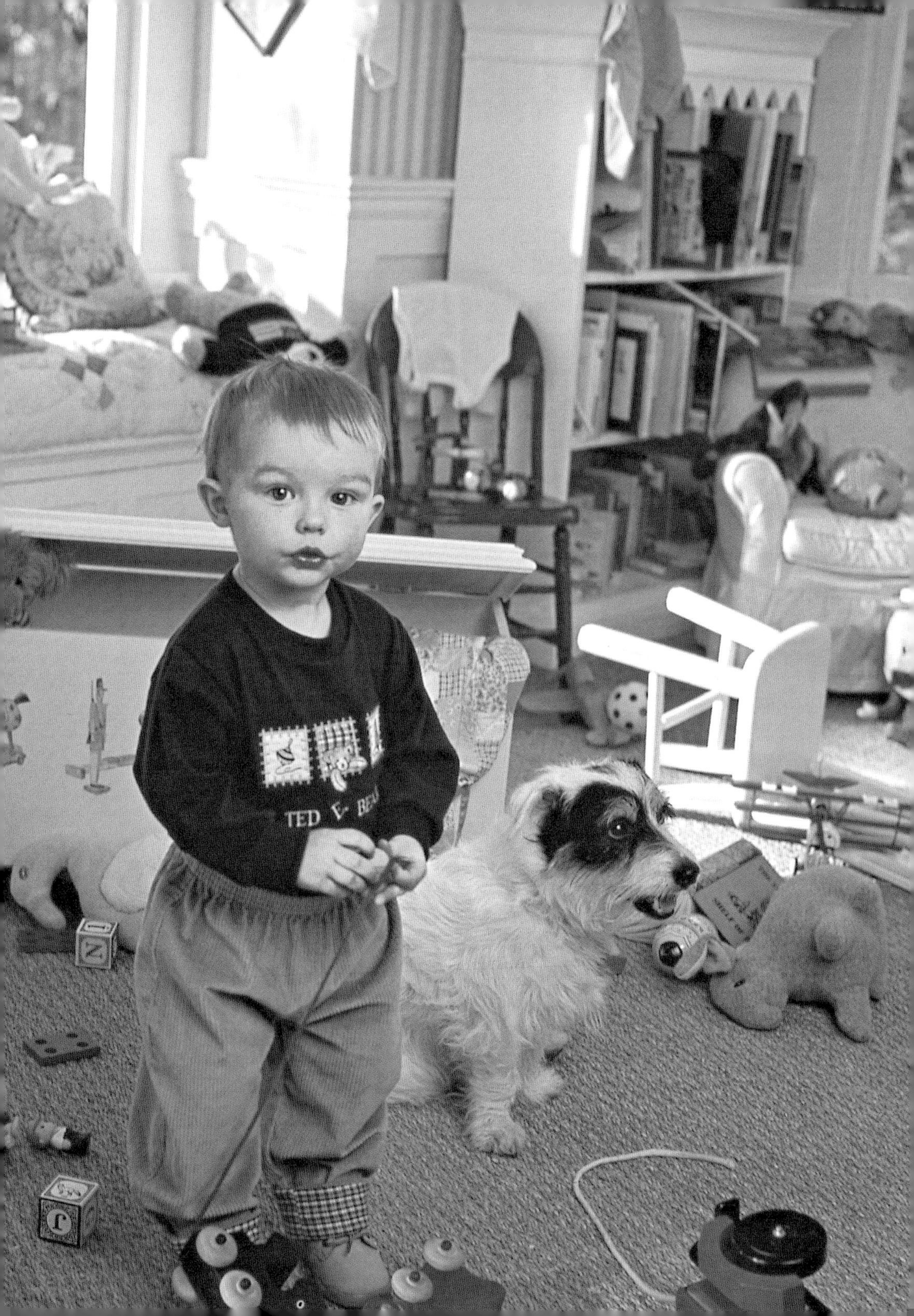
TED

Haushaltsführung –
so finden berufstätige Frauen mehr Zeit für sich selbst

Haushaltsführung – so finden berufstätige Frauen mehr Zeit für sich selbst

Sie sind nicht allein für den Haushalt verantwortlich. Das ist die erste Einsicht, um mehr Zeit für sich selbst zu gewinnen.

Wie sehr wird Ihr Alltag im Haushalt von Vorstellungen, Wünschen und Träumen bestimmt, die Tag für Tag nicht eingelöst werden? Suchen Sie nicht auch nach Möglichkeiten, Ihre Wünsche verwirklicht zu bekommen? Aber ist das allein Ihre Aufgabe? Müssen Sie immer wieder allein für alles zuständig sein?

Wie können Sie es schaffen, sich trotz Kindererziehung und Berufstätigkeit auch im Haushalt mehr Freiräume zu verschaffen und damit vielleicht auch ein wenig von Ihren Vorstellungen zu verwirklichen?

Wünsche, Träume, Kompromisse: Verwirklichen Sie Ihre Vorstellungen von Arbeitsteilung

Die schöne Stimmung beim Abendessen mit Kerzenlicht war hinüber. Dabei hatte Judith sich so darauf gefreut. Sie hatte sich so viel Mühe gegeben, um alles schön herzurichten. Ärgerlich schob sie den Teller mit dem Zanderfilet von sich. »Das finde ich nicht gut. Wir hatten doch alles abgesprochen. Und nun das! Alles bleibt wieder an mir hängen!« Judith stand verärgert auf und ließ ihren Mann Klaus allein am Tisch zurück. Was war passiert? Als Judith mit Tochter Kirsten schwanger war, hatte das Paar Pläne geschmiedet. Judith wollte ein Jahr zu Hause bleiben, sich um das Kind kümmern und danach wieder berufstätig werden. Anschließend sollte Klaus, der zu Hause eine kleine Goldschmiedewerkstatt betrieb, für Kirsten sorgen. Als er ihr an diesem Abend eröffnete, ein Ladengeschäft in der Stadt übernehmen zu wollen, war für Judith sofort klar, dass sie nun hauptsächlich zuständig für den Bereich Haushalt und Kindererziehung sein würde. Keine Rede mehr von Arbeitsteilung in der Partnerschaft!

Arbeitsteilung in der Partnerschaft:
Widersprüche zwischen Wunsch und Realität

Geht Ihnen das auch so? Sie möchten Ihren Haushalt in Schuss haben und Ihre Lieben mit frischer Vollwertkost verwöhnen, aber oft ärgern Sie sich, dass Ihre Bemühungen so selbstverständlich erscheinen und so wenig Wertschätzung erfahren. Während der Rest der Familie gemächlich seinen Interessen nachgeht, versuchen Sie, alles unter einen Hut zu kriegen. Nicht selten ärgern Sie sich über Ihren Mann und Ihre Kinder, dass keiner von denen auf die Idee kommt, Ihnen etwas abzunehmen.

Und Sie selbst? Kommen Sie auf die Idee, etwas zu fordern und Ihrem Mann eine gerechte Arbeitsteilung und Ihren Kindern Mithilfe im Haushalt abzuverlangen?

»Wenn es um Putzen, Waschen, Kinderbetreuung oder Einkaufen geht, hält sich das männliche Geschlecht immer noch vornehm zurück«, schreibt Ursula Nuber in einem Beitrag der Zeitschrift »Psychologie heute«. Nach einer Umfrage des Heidelberger Instituts für interdisziplinäre Frauenforschung e. V. versorgen 82 Prozent der befragten Frauen ihre Kinder ohne Unterstützung des Mannes. Selbst wenn Mütter voll berufs-

Fordern Sie die Mithilfe im Haushalt von Ihrem Mann und den Kindern ausdrücklich ein.

Haushaltsführung – so finden berufstätige Frauen mehr Zeit für sich selbst

Auch heute noch halten die Männer sich vornehm zurück, wenn es ums Abwaschen, Putzen, Waschen und Bügeln geht.

tätig sind, tragen 61 Prozent von ihnen die Alleinverantwortung für ihr Kind. Bei der Mithilfe im Haushalt sieht es noch schlechter aus: »Nur 20–30 Prozent der Männer helfen ihren Frauen beim Abwasch, beim Putzen, Waschen und Bügeln.«
»Trotz der zunehmenden Erwerbstätigkeit von Frauen sind Männer nicht bereit, ihren Anteil an Hausarbeit und Kindererziehung zu übernehmen«, schreibt Ursula Nuber. Der durchschnittliche Arbeitsanteil pro Woche bei der Hausarbeit beträgt für Frauen sogar 79 Prozent, während es bei den Männern nur 21 Prozent sind. Bei der Kindererziehung sind es 71 Prozent der Frauen, die die ganze Arbeit mit den Kindern machen, bei den Männern nur 29 Prozent.
Trotz Frauenbewegung und »neuen Männern«, die sich zumindest verbal mehr um ihre Kinder kümmern wollen, bleibt die meiste Arbeit nach wie vor an den Frauen hängen. Wie kommt das?

Die Macht der unterschiedlichen Sozialisationserfahrungen

Eine wesentliche Rolle spielt die Sozialisation von Frauen. »Ich komme aus einer Familie, wo es üblich war, dass die Frau zu Hause blieb und sich um die Kinder kümmerte, während der Mann berufstätig war. Meine Mutter war den ganzen Tag für uns da, und mein Vater half nur sonntags beim Abwasch.«
Und auch, wenn Frauen bereits versucht haben, sich aus alten Zwängen zu befreien und neue Rollen zu übernehmen, hinkt die Seele oft noch nach. Was man sehr früh und sehr eindrucksvoll lange Zeit vorgelebt bekommen hat, geht sehr tief und lässt sich nicht ohne weiteres abschütteln. Denn seit Generationen werden Frauen in unserer Gesellschaft so auf die Rolle als Frau vorbereitet und erzogen. Sie spielen mit Puppen »Mann

Wünsche, Träume, Kompromisse

und Frau«, sie bereiten das Essen für die Puppenfamilie vor, baden die kleinen Babys und legen sie in die Puppenwiege. Währenddessen spielen Jungs mit Autos oder Soldaten, basteln, werken und kämpfen mit Spielzeuggewehren gegen Cowboys und Indianer. Männer bleiben noch viel stärker in den traditionellen Rollen verfangen und sind weniger bereit, neue Wege zu gehen. Spätestens, wenn Nachwuchs da ist, ziehen sie sich allzu gern auf ihre traditionelle Rolle zurück. Barbara Reichle, wissenschaftliche Mitarbeiterin am Fachbereich Psychologie der Universität Trier, fand in einer neuen Untersuchung heraus: »Solange Paare ohne Nachwuchs sind, hängt der Haussegen selten schief. In modernen Beziehungen sind Mann und Frau berufstätig, und die Hausarbeit ist mitunter fast egalitär geregelt. Mit der Geburt des ersten Kindes erfolgt dann der Rückfall in die traditionellen Geschlechterrollen.« Männer kümmern sich dann um die finanzielle Absicherung der Familie und die Frau um den großen Rest: Haushalt, Kindererziehung, Partnerschaft *und* Berufstätigkeit.

Wenn das erste Kind geboren wird, fallen Männer und Frauen zumeist in ihre traditionellen Geschlechterrollen zurück.

Anlage und Umwelteinflüsse bedingen sich gegenseitig
Die Arbeitsteilung in der modernen Familie ist nicht nur ein Ergebnis der Erziehung in der Neuzeit. Seit Jahrtausenden hat die Evolution ein Verhaltensmuster bei den Menschen geprägt und hervorgebracht, das es ihnen ermöglicht, in jeder noch so feindlichen Umwelt zu überleben und sich fortzupflanzen. Dabei waren Männer für die Jagd und die Ernährung der Familienverbände zuständig. Die Aufgabe der Frauen war es, durch Sammeln von Kräutern und Beeren ihrerseits zur Ernährung beizutragen. Außerdem hatten sie auf den Nachwuchs zu achten und diesen großzuziehen.

Haushaltsführung – so finden berufstätige Frauen mehr Zeit für sich selbst

Diese Arbeitsteilung wurde auch beibehalten, als der Mensch sesshaft wurde und Ackerbau und Viehzucht betrieb. Diese Muster sind durch die Evolution geprägt. Die Veränderungen der Arbeitsteilung von Frauen und Männern in den Jahrzehnten nach dem Ersten Weltkrieg sind (evolutionär betrachtet) noch viel zu kurz, um eine stabile genetische Veränderung und Anpassung zu bewerkstelligen.

Und durch die biologische Ungleichheit der Geschlechter kommt ein weiteres, beharrendes Element ins Spiel, das eine langfristige Veränderung der Arbeitsteilung in den Familien zumindest zeitweise hemmt und blockiert: Frauen können Kinder bekommen, Männer nicht.

Was können berufstätige Frauen anders machen?

Wenn es mit der Arbeitsteilung nicht auf Anhieb klappt, sind Sie als Frau keineswegs allein dafür verantwortlich. Gehen Sie Kompromisse ein.

Wenn Schwierigkeiten und Probleme auftreten bei dem Versuch, alles unter einen Hut zu bekommen, ist es nicht allein Ihre Sache, diese zu bewältigen. Auch wenn sich im Einzelfall jede Frau zunächst einmal persönlich verantwortlich fühlt und das Scheitern ihrer Bemühungen oft auch als persönliche Niederlage erlebt, sollten Sie nicht vergessen: Sie sind nicht allein dafür verantwortlich! Eine Reihe von Bedingungen, wie die oben beschriebenen, sind individuell gar nicht umfassend zu verändern. Frauen fühlen sich zwar für alles verantwortlich, sind aber nicht persönlich schuld daran.

Es nützt nichts, wenn Sie sich nur über Ihren Partner ärgern und Ihren Wünschen und Träumen nachhängen. Damit schaffen Sie sich mehr Frust als Lust. Das Festhalten an Idealvorstellungen schafft keine Fortschritte, sondern behindert sie. Sie kommen Ihren Zielen nahe, wenn Sie schrittweise vorgehen und Kompromisse anstreben.

Acht Tipps, wie Sie Ihre Wünsche umsetzen
- Sie brauchen Ihre (Ideal-)Vorstellungen nicht aufzugeben, aber verwechseln Sie nicht Ihre Träume mit der Realität. Ein Ideal ist ein Ideal. Die Realität ist die Realität.
- Passen Sie Ihre Vorstellungen zunächst einmal der Realität an. Machen Sie eine Bestandsaufnahme: Was haben Sie? Was wollen Sie? Die Differenz zwischen Wünschen und Wollen ist der Weg, den Sie gemeinsam mit Ihrem Partner zurücklegen wollen.
- Teilen Sie diesen Weg in kleine Schritte ein.
- Jeder Schritt ist ein Zwischenziel.
- Besprechen Sie diese Schritte mit Ihrem Partner und legen Sie sich gemeinsam auf eine Vorgehensweise fest.
- Lassen Sie die Realität dabei nicht aus den Augen. Wenn Ihr Mann sich nach einiger Zeit wieder so wie früher verhält, machen Sie ihm keine Vorwürfe, sondern erinnern ihn ganz sachlich an die Abmachungen.
- Eine gut sichtbare Korktafel in der Küche, die die verschiedenen Aufgaben in Spalten auflistet, und Namensschilder, wer diese Aufgaben wann zu erledigen hat, kann Wunder wirken.
- Jedes Vierteljahr eine kleine Bilanzsitzung vereinbaren, die der Erfolgskontrolle dient und bei der auch Korrekturen vorgenommen werden können.

(!) **Tipp**

Überprüfen Sie Ihre Idealvorstellungen von der Arbeitsteilung immer wieder an der Realität.

Haushaltsführung – so finden berufstätige Frauen mehr Zeit für sich selbst

Die perfekte Putzfrau – können Sie auch einmal den Dreck liegen lassen?

»Am Anfang fiel es mir fürchterlich schwer, aber im Laufe der Zeit habe ich gelernt, auf einen gewachsten Fußboden zu Gunsten eines Entspannungsbades zu verzichten. Heute lasse ich das Bügeln liegen, wenn ich müde von der Arbeit komme. Und ich kann auch den Abwasch abends stehen lassen.«

Viele Frauen neigen dazu, sich in ihren Vorstellungen von Sauberkeit und Ordnung an der Nur-Hausfrau oder Vollzeitmutter zu orientieren, die viel mehr Zeit als sie zur Verfügung hat. Und geraten unter Druck, wenn nach der Arbeit dann auch noch pünktlich das Essen auf dem Tisch stehen soll und nachmittags die Kinder zu ihren diversen Freizeitaktivitäten gefahren werden müssen.

Als berufstätige Mutter ist es nicht Ihre Aufgabe, auch noch die perfekte Putzfrau zu sein.

Überprüfen Sie Ihre Vorstellungen von Sauberkeit und Ordnung

Vielleicht sollten Sie sich einmal fragen, ob es wirklich notwendig ist, dass man von Ihrem Fußboden essen kann oder dass man bei Ihnen in der Wohnung kein Stäubchen findet. Woher kommt es, dass Sie immer wieder alles im Haushalt selbst in die Hand nehmen und sich sagen: »Das ist noch nicht sauber genug!«

Die Antwort lautet: Es ist die Stimme Ihrer Mutter, die Ihnen sagt: »Das hast du noch nicht richtig gemacht. Das ist noch nicht sauber.« Im Laufe Ihrer eigenen Erziehung haben Sie diese Sätze hundertfach zu hören bekommen. Und als Sie in der Pubertät zum Erwachsenen heranwuchsen, haben Sie diese Sätze verinnerlicht und aus den »Du«-Sätzen wurden »Ich«-

Sätze. Diesen Prozess der Verinnerlichung der elterlichen Wertvorstellungen nennt man in der Wissenschaft »Internalisierung«.

Diese Sätze sind durch ständige Wiederholung so tief in unser Bewußtsein eingegraben, dass Sie sich nur schwer davon lösen können. Aber seien Sie doch einmal ehrlich: Muss es bei Ihnen wirklich so sauber wie bei Ihrer Mutter sein? Müssen Sie auch heute noch als Erwachsene den Befehlen Ihrer Mutter gehorchen?

Nur wer die alten Wertvorstellungen seiner Mutter ablegt, führt den Haushalt auf seine eigene Weise.

Werfen Sie alten Erziehungsballast über Bord und entwickeln Sie eigene neue Werte

(!) **Tipp**

- Wer berufstätig ist und dazu noch Mutter, kann nicht perfekt sein.
- Fragen Sie sich: Muss wirklich immer alles blitzen?
- Können Sie nicht auch einmal etwas liegen lassen?
- Kann das meiste nicht noch warten oder auch einmal von jemand anders erledigt werden?
- Wollen Sie als Erwachsene wirklich nach den überkommenen Wertvorstellungen Ihrer Mutter leben?
- Wie sehen Ihre eigenen Vorstellungen denn eigentlich aus?
- Was hindert Sie daran, Ihre Werte zu überdenken und neue Vorstellungen zu verwirklichen?

Kinder und Hausarbeit: Arbeitsteilung mit Ihren Kindern

»Als ich am Morgen in die Küche kam, traf mich der Schlag. Da standen dreckige Teller, Gläser und Flaschen herum. Eine Chipstüte lag im Ausguss, und der Abfalleimer quoll über. Mein siebzehnjähriger Sohn hatte abends eine Fete gehabt, und nun sollte ich wieder einmal den ganzen Dreck wegräumen. Mit Wut im Bauch machte ich mich an die Arbeit. Ich hatte nicht viel Zeit, weil ich in einer Stunde im Büro sein musste.«

Während Cornelia (41) sich ans Aufräumen machte, um noch schnell vor der Arbeit »alles schön sauber und ordentlich« zu haben, schlief Übeltäter Sebastian seinen ersten Rausch aus. Ehemann Peter (44) war am Abend erst spät von einer Dienstreise gekommen und lag ebenfalls noch im Bett.

Wenn die Belastungsgrenze erreicht ist

Irgendwann kommt für die meisten Frauen der Zeitpunkt, an dem sie nicht mehr bereit sind, für den Rest der Familie die Minna zu machen. Sie stellen fest, dass sie sich schon viel zu lange aufgerieben haben und dass sie schon längst etwas hätten unternehmen müssen. Andererseits ist es noch nicht zu spät. Das Erreichen der Belastungsgrenze ist eine gute Voraussetzung, erste Schritte zur Veränderung zu tun.

Wenn Sie einen der im Folgenden genannten Punkte für sich bejahen können, ist es höchste Zeit, Ihren Lieben den Marsch zu blasen:

- Haben Sie des öfteren das Gefühl, nicht mehr alles schaffen zu können?

Manche Frauen müssen erst die Belastungsgrenze erreichen, um endlich Veränderungen im Haushalt einzufordern. Aber es ist nie zu spät.

- Wächst Ihnen die Arbeit über den Kopf?
- Drücken sich die anderen Familienmitglieder gekonnt vor anfallenden Hausarbeiten?
- Haben Sie ganz wenig Zeit für sich selbst?
- Kommen Sie noch zur Ruhe?

Das Wichtigste zuerst: Lassen Sie sich nicht auf lockere Versprechungen ein, die später nicht eingehalten werden. Treffen Sie mit Ihren Lieben konkrete Vereinbarungen, die nur ein Ziel haben können: Sie wollen weniger machen, die anderen sollen mehr tun!

Nur konkrete Vereinbarungen helfen wirklich weiter: Schreiben Sie eine Liste aller nötigen Hausarbeiten.

- Machen Sie eine Liste sämtlicher Aufgaben, die im Haushalt zu erledigen sind. Schreiben Sie hinter jede Tätigkeit den Namen desjenigen, der sie ausführt.
- Rufen Sie an einem ruhigen Abend die Familie zusammen und präsentieren Sie die Liste mit der Bitte, die Aufteilung gerechter zu machen.
- Lehnen Sie sich entspannt zurück und schauen Sie dabei zu, wie Ihr Mann und die Kinder sich einigen. Sie sollen selbst bestimmen, wer welche Tätigkeiten im Haushalt übernimmt.
- Am Ende bestehen Sie auf einer schriftlichen Vereinbarung, die die Beteiligten mit ihrer Unterschrift besiegeln.
- Lassen Sie den Plan in der Küche aufhängen. Und vereinbaren Sie mit Ihren Lieben, wann die erste Bilanzsitzung stattfinden soll.

Falls Sie so nicht weiterkommen, hilft nur eins: die totale Verweigerung. Denken Sie, Sie könnten es schaffen, eine Woche nicht zu putzen, zu waschen, zu kochen usw. und Ihre Familie im Chaos versinken zu lassen? Probieren Sie es aus. Wir haben es gemacht, es wirkt Wunder!

Haushaltsführung – so finden berufstätige Frauen mehr Zeit für sich selbst

Was hat Ihre Familie davon, wenn Sie weniger tun?

- Ihr Mann lernt dazu: Putzen, Kochen, Saubermachen und wird selbstständig dadurch. Seine Kompetenz beschränkt sich dann nicht mehr nur auf Dosen aufmachen, sondern er kann im Laufe der Zeit sogar selbst ein Mahl zubereiten.
- Außerdem lernt er die Hausarbeit als schwierige, zeitaufwändige Tätigkeit kennen und Ihre bisherige Arbeit in diesem Bereich besser einschätzen.
- Ihre Kinder werden zu selbstständigen, ordnungsliebenden Wesen, die ebenfalls kochen können und dadurch auch einmal allein gelassen werden können, ohne dass Sie Angst haben müssen, dass sie verhungern. Sie könnten sich gemeinsam mit Ihrem Mann ein schönes Wochenende machen und selbst bekochen lassen.

Wenn zusätzliche Hilfe nötig ist

»Seit einiger Zeit kommt einmal wöchentlich eine Putzfrau zu uns. Sie hat einen Hausschlüssel und kommt, wenn ich nicht da bin. Ich genieße es sehr, wenn ich nach Hause komme, und alles ist sauber.«

Auch eine Putzfrau kann die nötige Abhilfe im Haushalt schaffen.

Wenn Sie es sich leisten können, kann eine Haushaltshilfe eine gute Lösung sein. Das setzt allerdings ein gewisses Vertrauen voraus. Sie müssen in der Lage sein, Ihre Wohnung einer zunächst fremden Person zu überlassen. Viele Frauen haben auch Skrupel, sich jemand einzustellen, selbst wenn sie es sich leisten könnten.

»Mein Nachbarin machte einige vielsagende Bemerkungen. Sie ließ durchblicken, ich sei mir wohl zu fein, um mir die Hände schmutzig zu machen.«

Wenn Sie auch so eine »nette« Nachbarin haben, verweisen Sie sie gleich in ihre Schranken und treten Sie selbstbewusst auf. Sie haben es nicht nötig, Schuldgefühle zu entwickeln, weil Sie sich Hilfe holen oder es sich netter machen möchten. Sie haben eine Haushaltshilfe verdient! Basta!

Neben der bezahlten Haushaltshilfe gibt es auch noch andere Möglichkeiten, die außer einer Entlastung für die Frau auch eine Stärkung der gesamten Familie zur Folge haben können: Die Großeltern werden eingespannt.

»Wenn wir etwas vorhaben, bei dem wir auf die Mithilfe anderer angewiesen sind, rufe ich meine Mutter an und frage sie, ob sie uns nicht helfen kann. Beim Frühjahrsputz z. B. ist die ganze Familie aktiv.«

Britta (25) hat ein gutes Verhältnis zu ihrer Mutter Gertrud (46), die gerne bereit ist, bei »besonderen Gelegenheiten« zu helfen. Allerdings sieht Gertrud sich nicht als »Haushaltshilfe«. »Ich helfe, wo ich kann, aber nur bei Sachen, bei denen ich mit meinem Mann gerne helfe, z. B. als meine Tochter ihren Garten neu anlegte oder als sie in das neue Haus gezogen sind.«

Sicher sind Eltern und Großeltern bereit, zu Gelegenheiten wie z. B. dem Frühjahrsputz mit anzupacken.

Fragen Sie sich:
- Haben Sie die Möglichkeit, Ihre Eltern, Großeltern usw. einzuspannen?
- Bei welchen Arbeiten können Sie auf die Mithilfe Ihrer Eltern, Großeltern usw. rechnen?
- Wobei benötigen Sie Hilfe? Beispiele: Babysitting, Haushaltshilfe, Großputz, Gartenarbeit, Umzug, Haushaltsreparaturen.

(!) Tipp

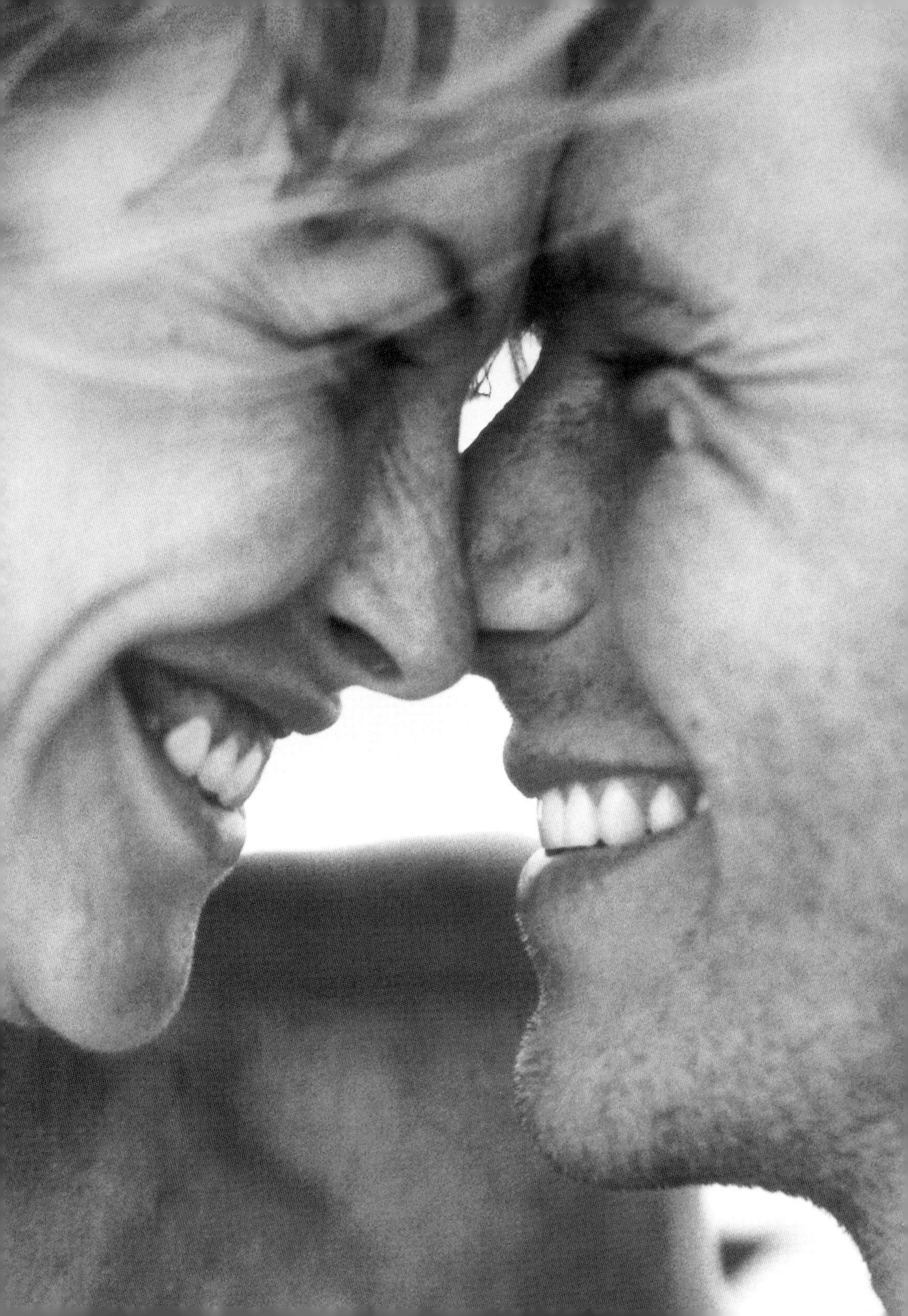

Freizeit, Geld oder Liebe – was ist in Ihrer Beziehung wichtig?

Freizeit, Geld oder Liebe – was ist in Ihrer Beziehung wichtig?

Die unterschiedlichen Vorstellungen von Frauen und Männern darüber, was in einer Beziehung wichtig ist, bieten immer wieder Sprengstoff.

Haben Sie auch schon festgestellt, dass die Vorstellungen von Frauen und Männern über die Art und Weise, wie eine Partnerschaft aussehen soll, manchmal sehr weit auseinander klaffen?
Wie wird die gemeinsame Freizeit verbracht? Wer ist für die Beziehungspflege zuständig? Wie wird das Familieneinkommen (an dem Sie als berufstätige Frau beteiligt sind) verteilt? Und zuletzt: die Liebe. Wie gehen die Partner mit Intimität und Nähe, mit Sexualität um?

Wenn der Alltag Sie auffrisst

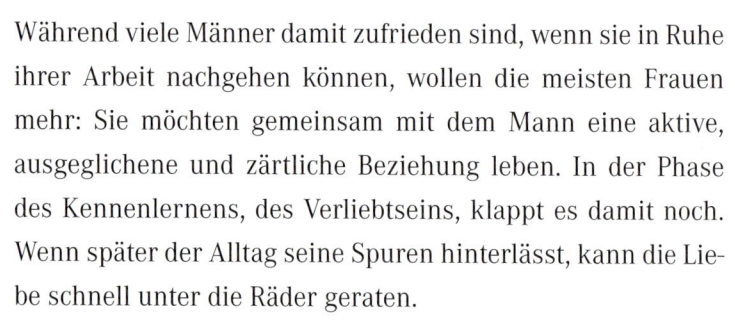

Während viele Männer damit zufrieden sind, wenn sie in Ruhe ihrer Arbeit nachgehen können, wollen die meisten Frauen mehr: Sie möchten gemeinsam mit dem Mann eine aktive, ausgeglichene und zärtliche Beziehung leben. In der Phase des Kennenlernens, des Verliebtseins, klappt es damit noch. Wenn später der Alltag seine Spuren hinterlässt, kann die Liebe schnell unter die Räder geraten.

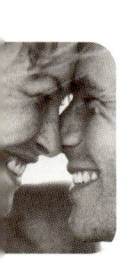

»Es war nicht mehr zum Aushalten. Kaum hatten wir die Kinder ins Bett gebracht, und ich dachte, nun hätten wir endlich mal etwas Zeit für uns, stellte er den Fernseher an. Ich hätte mich so gern mit ihm unterhalten, aber er schien keine Lust dazu zu haben. Und dann, am Wochenende, wenn wir einmal was ohne die Kinder hätten unternehmen können, weil meine Eltern auf sie aufpassen wollten, ging er zum Fussballplatz oder schuftete im Garten.«

»Ich war mit unserer Beziehung völlig unzufrieden. Wir konnten den Alltag mit den Kindern inzwischen gut bewältigen, hätten also nun etwas mehr Zeit für uns gehabt, aber mein Mann schien mit der Situation, wie sie war, zufrieden zu sein.« Viele Frauen fühlen sich für die Gestaltung ihrer Beziehung allein verantwortlich, weil die meisten Männer scheinbar gar kein Interesse daran haben, etwas für die Pflege ihrer Partnerbeziehung zu tun. Sie sind damit zufrieden, wenn »alles klappt und es gut läuft«, sagte Peter (35), ein Maschinenbauingenieur.

Beziehungsarbeit ist immer noch Frauenarbeit, weil Frauen sich dafür verantwortlich fühlen.

Während es den Männern anscheinend eher darauf ankommt, dass äußere Abläufe in der Familie »funktionieren«, wollen Frauen meistens mehr: »Ich möchte mit ihm darüber reden, wie es ihm geht, wie es mir geht, wie es in unserer Beziehung läuft. Aber wie soll ich das machen, wenn wir kaum gemeinsame Zeit miteinander verbringen?«

Die unterschiedlichen Vorstellungen von Männern und Frauen sind ein Hauptgrund für viele Schwierigkeiten in diesem Bereich.

Wer bestimmt, was in der Freizeit geschieht?

»Mein Mann interessiert sich nicht dafür, was wir beide gemeinsam in der Freizeit machen könnten. Für ihn ist das ganz einfach. Er macht das, was er machen will, und ich muß sehen, wo ich bleibe. Das tue ich zwar auch. Aber nicht ohne schlechtes Gewissen. Ich glaube immer, nun muss ich aktiv werden, muss mich um unsere Beziehung sorgen, muss unsere Frei-

Freizeit, Geld oder Liebe – was ist in Ihrer Beziehung wichtig?

zeit so planen, dass wir beide auch etwas davon haben, und denke, wenn ich es nicht tue, leben wir uns auseinander.«
Wie in so vielen anderen Lebensbereichen fühlen sich auch im Bereich der Partnerschaft und der Beziehung wieder einmal die Frauen allein zuständig. »Ich machte mir Gedanken darüber, wie wir das ändern könnten, und versuchte, ihn dahingehend zu erziehen, sich selbst mehr um unsere Beziehung zu kümmern.«

So tun Sie weniger und er mehr für die Beziehung

Nur wenn die Frau ihre eigenen Bedürfnisse gegen die ihres Mannes stellt, fühlt er sich veranlasst, sich selbst um die Beziehung zu bemühen.

Warum müssen Sie denn diejenige sein, die hinter ihm herläuft? Solange Sie Ihrem Partner alles abnehmen, gibt es für ihn keinerlei Veranlassung, sich selbst um die Beziehung zu kümmern. Männer haben einen guten Instinkt dafür, wie sie sich unnötige Tätigkeiten vom Leibe halten können. Sie kümmern sich hauptsächlich um die Befriedigung ihrer eigenen Bedürfnisse und sind damit sehr zufrieden. Warum drehen Sie diesen Spieß nicht einmal um?

Stellen Sie sich einmal folgendes Experiment vor: Freitagabend in Ihrer Familie. Ihr Mann teilt Ihnen ganz nebenbei beim Abendbrot mit, dass er morgen Vormittag zum Angeln geht. Sie nehmen das zur Kenntnis, und anstatt ihn anzugiften, dass es ja nett sei, dass Sie das auch mal erfahren, sagen Sie einfach: »Ich gehe morgen früh um die gleiche Zeit zur Kosmetikerin und lasse mich dort etwas verwöhnen.«

Ihr Mann schaut irritiert von seinem Teller auf und fragt: »Aber wer kümmert sich dann um die Kinder?«

Sie antworten: »Das weiß ich auch nicht!«

Können Sie sich vorstellen, wie dieses Experiment bei Ihnen ausgehen würde, wenn Sie einmal versuchsweise ohne Rück-

Wenn der Alltag Sie auffrisst

sicht auf Verluste Ihre eigenen Bedürfnisse in den Vordergrund stellen?

Unser kleines Fallbeispiel ist kein theoretisches Beispiel, sondern es handelt sich um einen wahren Vorfall. Die Geschichte ging folgendermaßen weiter: »Aber die Kinder können doch nicht allein bleiben?«, meinte der auf einmal um das Wohl der Kinder besorgte Ehemann. »Ja, der Meinung bin ich auch!«, äußerte sich die Ehefrau. »Und was sollen wir nun machen?«, fragte der Ehemann. »Ja«, antwortete die Frau, »was sollen wir mit den Kindern anfangen, damit wir beide etwas unternehmen können?«

Aus diesem Vorfall entwickelte sich in der Folgezeit eine fruchtbare Diskussion über die Art und Weise, wie in dieser Familie jeder Einzelne zu seinem Recht kommen kann. Daraus entstand im Laufe der Zeit eine aktive Auseinandersetzung über die Arbeitsteilung in der Beziehung. Wer ist für was zuständig? Wie wird was geregelt? Und nicht zu vergessen: Wer hat welche Bedürfnisse in der Beziehung? Was wollen Männer? Was wollen Frauen? Setzen Sie sich mit Ihrem Mann zusammen und planen die Arbeitsteilung in der Partnerschaft.

In einer Familie muss jeder zu seinem Recht kommen können, sonst funktioniert die Arbeitsteilung nicht.

(!) **Tipp**

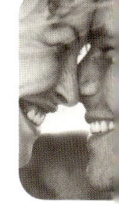

Fünf Tipps für einen gesunden Egoismus in der Partnerschaft
- Verabschieden Sie sich von der Vorstellung, Sie müssten sich auch in der Beziehung um alles kümmern.
- Probieren Sie ruhig einmal ein paar neue Wege aus.

Freizeit, Geld oder Liebe – was ist in Ihrer Beziehung wichtig?

Ein gesunder Egoismus lässt Sie wieder auf die eigenen Bedürfnisse und Ihre Gefühle achten. Das tut Ihrer Beziehung nur gut.

- Werden Sie egoistisch und drehen Sie den Bibelspruch »Liebe deinen Nächsten wie dich selbst« um: Nur wer sich selbst liebt, kann auch seinen Nächsten lieben.
- Wirkliche Partnerschaft ist gleichberechtigt: Jeder kann zu seinem Recht kommen, wenn er sich für seine eigenen Bedürfnisse auch einsetzt.
- Hören Sie wieder auf Ihre Gefühle: Die sagen Ihnen genau, was Sie auf keinen Fall tun sollten. Achten Sie auf die leise Stimme in Ihnen, die sagt: »Warum soll ich das immer machen?«

Das liebe Geld: Wer bestimmt bei Ihnen, wie damit umgegangen wird?

»Jedesmal, wenn ich mir etwas kaufen will, muss ich mich mit meinem Mann darüber streiten, ob das denn nötig ist. Aber wenn er sich etwas anschaffen will, werde ich nicht gefragt. Ich komme mir manchmal vor wie eine völlig unselbstständige Frau, die nichts zu sagen hat.«

Während es früher selbstverständlich war, dass Männer das Geld verdienten und auch bestimmten, wie es ausgegeben wird, hat sich gerade in den letzten Jahrzehnten hier vieles verändert. Immer mehr Frauen verdienen ihr eigenes Geld, tragen zur Erhöhung des Familieneinkommens bei. Aber die Emanzipation endet oft bei der Verteilung des Einkommens.

Beim Geld hört die Freundschaft auf –
beim Geldausgeben fängt die Beziehung an

Wer glaubt, es wäre doch heutzutage keine Frage mehr, wer über das Geld in der Beziehung bestimmt, der täuscht sich gewaltig. Gerade bei nicht berufstätigen Nur-Hausfrauen, oder wie wir sie nennen: Vollzeitmüttern, ist das selbst in den Zeiten der Emanzipation der Frau immer noch ein wichtiges Thema. Unter der Überschrift: »Wie viel dürfen Hausfrauen ausgeben?« fragte die Zeitschrift »Eltern for family« in ihrer Ausgabe 5/2000 Experten nach ihrem Rat. Während ein Mann sich rein juristisch zu dieser Frage äußerte und feststellte, dass »Frauen nicht dem Wohlwollen ihres Mannes ausgeliefert sind«, meinte eine weibliche Expertin dazu: »Finden Sie heraus, was in Ihrer Partnerschaft fehlt!«

Wer das Geld hat, hat die Macht. Eine Beziehung, in der nur einer bestimmen kann, wofür und wie das Geld ausgeben wird, ist keine gleichberechtigte Beziehung. Wenn Sie nicht über die Ausgaben mitbestimmen können, wenn über Ihren Kopf hinweg entschieden wird, wenn Ihre Ideen und Bedürfnisse nicht berücksichtigt werden, dann hat das Auswirkungen auf die emotionale Beziehung zueinander.

Im Umgang mit dem Geld erweist sich, wie gleichberechtigt Ihre Beziehung ist.

Wer in Gelddingen nichts zu sagen hat:
- fühlt sich abhängig
- fühlt sich frustriert
- fühlt sich nicht ernst genommen
- fühlt sich minderwertig
- fühlt sich bevormundet

(!) Achtung

Freizeit, Geld oder Liebe – was ist in Ihrer Beziehung wichtig?

Wen wundert es da noch, wenn diese Gefühle sich irgendwo anders Bahn brechen und sich auf das Zusammenleben auswirken.

Frauen, die berufstätig sind, sind dennoch nicht immer gleichberechtigt an der Ausgabenplanung beteiligt. Ein großer Teil der berufstätigen Mütter hat trotz eigenen Einkommens kein eigenes Konto. Das Hauptargument der Männer: »Ich verdiene viel mehr als du, also muß ich auch mehr bestimmen können.«

Er bestimmt über das Geld? – Spielen Sie nicht mehr mit!

Familiäre Geldausgaben sollten immer eine gemeinsame Entscheidung sein.

Die Beteiligung der Frauen an den familiären Geldausgaben ist der Beginn einer zufrieden stellenden Beziehung für beide. Denn erst eine unabhängige, zufriedene Frau, die sich auch um ihre eigenen Bedürfnisse kümmert, hört auf, ständig an ihm herumzuerziehen und -zumeckern. Erst dann kann man sich überhaupt gemeinsam um die Verbesserung der Partnerbeziehung kümmern.

Wenn Sie sich eine vertrauensvolle, zufrieden stellende Beziehung zu Ihrem Partner wünschen und der bisherige Umgang mit Geld Ihnen da zu oft im Wege steht, dann sollten Sie überlegen, ob Sie diese Ungerechtigkeit noch länger mitmachen wollen? Sie stimmen uns zu, wissen aber nicht, was Sie tun können? Auf keinen Fall sollten Sie, wie Frauen es meistens machen, auf Ihren Mann Einfluss zu nehmen suchen, indem Sie noch mehr Druck ausüben oder ihn gar um Beteiligung bitten. Wir möchten Ihnen hier eine ganz ungewöhnliche Waffe vorschlagen, die noch jeden Mann klein gekriegt hat: Zeigen Sie ihm die kalte Schulter.

> **Fünf Tipps für einen neuen Umgang mit Geld in der Partnerschaft**
> - Sagen Sie ihm, was Sie wollen und wie Sie sich die Finanzen vorstellen.
> - Zeigen Sie Ihm Ihre Gefühle.
> - Machen Sie deutlich, dass Sie sich Ihr Zusammenleben so nicht vorgestellt haben.
> - Machen Sie so lange nichts mehr für ihn, bis er Sie fragt, was mit Ihnen los ist.
> - Vermeiden Sie Vorwürfe in der »Du«-Form: »Du hast …«, »Du machst …«, »Du bist …«.
> - Bleiben Sie nur bei Ihren eigenen Gefühlen und sprechen Sie diese möglichst ohne Angriff gegen ihn aus: »Ich fühle mich …«, »Ich bin …«, »Es geht mir nicht …«.

(!) **Tipp**

Auch der Umgang mit dem Geld in einer Partnerschaft kann neu geregelt werden.

Wenn Sie diese Haltung konsequent durchziehen, wird er sich irgendwann gesprächsbereit zeigen.

Liebe und Leidenschaft, Nähe und Intimität: ein Traum?

»Ich würde so gern einmal wieder etwas mit ihm unternehmen, ohne dass die Kinder dabei sind, aber unter der Woche, wenn sie abends endlich im Bett sind und zwischen uns etwas laufen könnte, bin ich selbst viel zu abgeschlafft. Dann möchte ich nur noch die Beine hoch legen und nichts mehr tun.

Freizeit, Geld oder Liebe – was ist in Ihrer Beziehung wichtig?

Gerade Paaren mit Kindern bleibt im stressigen Familienalltag kaum noch Zeit für Nähe und Intimität.

Mein Mann ist da anders, der fängt dann an, an mir herumzufummeln und möchte mit mir ins Bett.«

Wenn Paare Kinder haben, kommen Liebe und Leidenschaft, Zärtlichkeit und Körperkontakt nicht selten zu kurz. Zu sehr sind beide Partner damit beschäftigt, den ganzen Alltagskram hinzubekommen.

Frauen und Männer sind unterschiedlich

So mancher Mann hat keinerlei Probleme damit, seinen beruflichen Alltag hinter sich zu lassen und sich seiner Frau zuzuwenden. Natürlich nicht, um die Bedürfnisse seiner Frau nach Zärtlichkeit zu befriedigen, sondern um seine eigenen, sexuellen Bedürfnisse von ihr befriedigt zu bekommen.

Frauen wollen hingegen oft »nur« Zärtlichkeit und Nähe und sind nicht selten in Gedanken noch bei den Kindern, in der Küche oder in der Bewältigung der Alltagsprobleme befangen. »Ich kann nach einem schweren Tag nicht einfach abschalten und mich auf Sex einlassen. Mir würde es reichen, wenn er sich mir zuwendet und mich fragt, wie es mir geht. Daraus könnte sich dann langsam etwas entwickeln. Aber mein Mann hat dafür kein Verständnis.«

In vielen Partnerschaften hängt deswegen der Haussegen schief. Keiner bekommt das, was er will oder braucht. Jeder fühlt sich unbefriedigt und macht den anderen dafür verantwortlich. Das muss nicht sein!

Liebe und Leidenschaft neu entwickeln

Wer ständig gestresst ist, wen die Alltagsprobleme auffressen, kann sich nur sehr schwer auf leidenschaftliche Umarmungen konzentrieren. Wer sich unverstanden, nicht ernst genommen

Liebe und Leidenschaft, Nähe und Intimität

fühlt, wird eher dazu neigen, ärgerlich auf jede Art von Annäherung zu reagieren, vor allem dann, wenn es dem Partner »nur« um die Befriedigung seiner sexuellen Bedürfnisse geht. Liebe und Leidenschaft können dagegen in einer Beziehung, in der jeder den anderen respektiert und mit seinen Bedürfnissen ernst nimmt, eher wieder wachsen.

Und vor allem: Sprechen Sie über Ihre Beziehung. Halten Sie Ihren Frust, Ihren Ärger, Ihre Gefühle nicht zurück. Je länger Sie diese aufstauen, desto größer wird die Gefahr, dass Sie mit ihnen herausplatzen, wenn Sie die Nase voll haben. Viel besser ist es auch hier, auf Ihre Gefühle zu achten und diese vorwurfslos mitzuteilen: »Ich kann unter diesen Bedingungen nicht leidenschaftlich sein. Ich habe keine Lust mehr auf Sex.« usw. Alle »Ich«-Aussagen eröffnen Möglichkeiten der Nachfrage bei Ihrem Partner. Er kommt dann nicht umhin, sich und Sie zu fragen: »Was ist denn los? Warum geht es dir so schlecht?«

»Ich«-Aussagen helfen Ihnen, um Ihren Frust und Ärger über die Probleme in der Beziehung besser zur Sprache zu bringen.

Erst die Kommunikation, das Sprechen über Ihre Gefühle, eröffnet die Möglichkeit, mit dem anderen ins Gespräch zu kommen. Jeder Angriff auf die männliche Bastion dagegen beschwört nur weitere Konflikte herauf. Auch hier sollten Sie es vermeiden, die Initiative der Veränderung zu übernehmen. Wenn es Ihnen in der Beziehung auch im Umgang mit Zärtlichkeit, Liebe und Sex nicht gut geht, sprechen Sie diese Themen auf die oben beschriebene Art und Weise an. Aber achten Sie darauf: Bleiben Sie bei sich!

> »Ich«-Formulierungen helfen Ihnen, Ihre Bedürfnisse zu kommunizieren, ohne Vorwürfe zu machen.

(!) Gut zu wissen

Freizeit, Geld oder Liebe – was ist in Ihrer Beziehung wichtig?

Schaffen Sie sich Freiräume im Alltag

Wenn Sie immer wieder ganz bewusst Freiräume für die Pflege Ihrer Beziehung schaffen, wird Ihr Alltag Sie nicht so schnell »auffressen«.

Fragen Sie Ihren Mann, ob er nicht auch der Meinung ist, dass der Alltag sie beide »aufzufressen« beginnt. Fragen Sie ihn, ob er auch das Gefühl hat, dass Sie beide mit Ihren Bedürfnissen zu kurz kommen. Fragen Sie ihn, ob er eine Idee hat, wie Sie gemeinsam dazu beitragen können, dass in Ihrer Beziehung wieder mehr Freiräume für Sie beide möglich sind.

- Wann haben Sie das letzte Mal etwas ohne die Kinder unternommen?
- Wann hatten Sie das letzte Mal ein intimes Abendessen zu zweit?
- Wann waren Sie das letzte Mal gemeinsam tanzen?

Diese Liste ließe sich beliebig fortsetzen. Bestimmt fallen Ihnen selbst noch mehr Fragen hierzu ein. Bedenken Sie dabei: Wenn Sie keine Fragen stellen, bekommen Sie keine Antworten. Und wenn Sie ihm nicht sagen, wie es Ihnen geht, woher soll er es dann wissen?

Damit die Liebe nicht zu kurz kommt

Vergessen Sie bei allem täglichen Stress mit den Kindern, im Haushalt und im Beruf nicht, dass Sie ein Paar sind und nicht nur berufstätige Eltern!

Natürlich sind die Kinder wichtig, aber denken Sie auch daran, dass Sie aus der Befriedigung in Ihrer Partnerschaft erst die Kraft ziehen, die Sie für Ihre Rolle als Eltern brauchen.

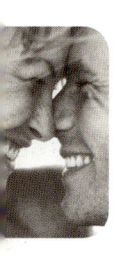

Bleiben Sie während dieser schweren Jahre nicht zu bescheiden: Die selbstlose Mutter, die sich, während ihre Kinder klein sind, nur für diese aufreibt, steht mit einem Mal sehr einsam da, wenn die Kinder groß sind. Dem sollten Sie vorbeugen: Auch berufstätige Mütter haben ein Recht darauf, Ihre Bedürfnisse nach Zärtlichkeit und Liebe, nach Leidenschaft und mehr befriedigt zu bekommen.

> **Tipps für eine leidenschaftliche Liebesbeziehung**
> - Auch Eltern brauchen Freiräume für sich selbst.
> - Die Partnerschaft geht vor (Kinder stehen oft genug im Mittelpunkt).
> - Auch im Alltag kann man sich kleine Ruheinseln schaffen.
> - Ein Verwöhnwochenende zu zweit wirkt Wunder (am ersten Tag verwöhnt er sie, am zweiten Tag sie ihn).
> - Machen Sie einmal im Jahr Urlaub ohne die Kinder.

(!) **Tipp**

Eltern sind nicht nur Eltern, sondern auch immer noch ein Paar, das seine Liebesbeziehung nicht vernachlässigen sollte.

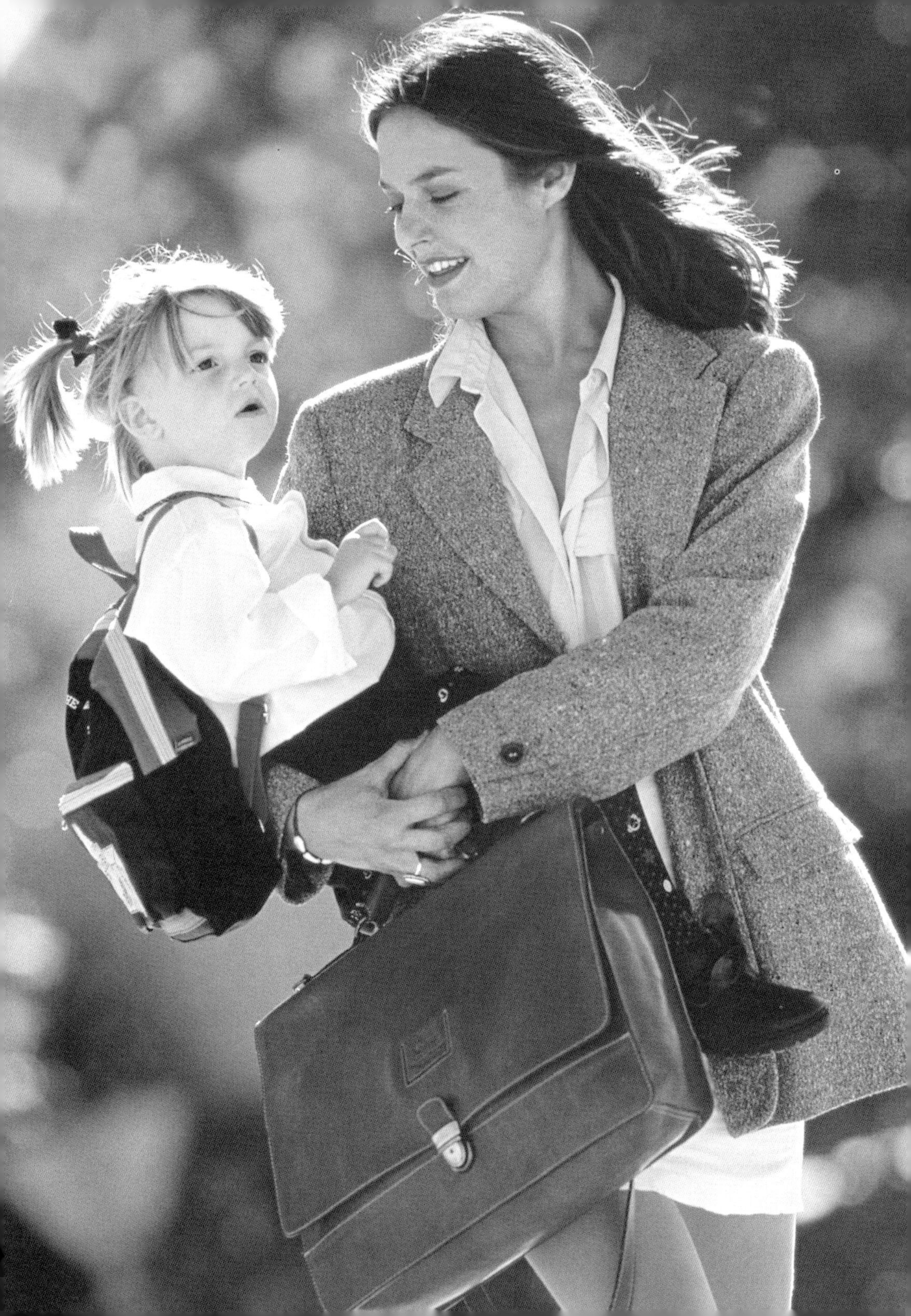

Wenn Mütter berufstätig sein wollen: Beruf, Nebenjob oder Karriere?

Wenn Mütter berufstätig sein wollen: Beruf, Nebenjob oder Karriere?

Wenn Sie wirklich eine Berufstätigkeit wünschen, dann lässt diese sich auch mit Kindern realisieren.

Lassen Sie sich auf keinen Fall von wem auch immer erzählen, eine berufliche Karriere und Kindererziehung würden zusammen nicht funktionieren. Viele Frauen könnten ohne weiteres Haushalt, Kindererziehung, Beziehung und Berufstätigkeit miteinander verbinden, wenn sie die eigenen Bedürfnisse und die persönlichen und gesellschaftlichen Rahmenbedingungen verschiedener Möglichkeiten nicht aus den Augen verlieren.

Ob Sie persönlich eher eine Nebentätigkeit, einen Vollzeitjob oder gar eine eigene Karriere anstreben und erreichen, wird nicht zuletzt davon abhängig sein, wie realistisch Sie Ihre Möglichkeiten einschätzen und verwirklichen können, und nicht zu vergessen, mit wie viel Hilfe und Unterstützung durch Ihren Partner Sie rechnen können. Fordern Sie diese Hilfe unbedingt ein.

Auch hier gilt wie schon in den vorangegangenen Kapiteln: Nicht weibliche Perfektionsideale sind entscheidend dafür, was Sie in beruflicher Hinsicht erreichen können. Sondern es ist die ureigene Fähigkeit der Frauen, wieder ihren eigenen Gefühlen Glauben zu schenken, die unter dem Müll des Alltags verschüttet liegen. In diesem Kapitel möchten wir Ihnen zeigen, wie Sie Ihre Potenziale nutzen können, welchen unnötigen Ballast Sie abschütteln und auf welche Dinge Sie trotzdem achten sollten.

Trotz Kindern berufstätig

»Ich war mir von Anfang an klar gewesen, dass es nicht leicht werden würde, Berufstätigkeit und Kindererziehung miteinander zu verbinden«, berichtete eine der Frauen, mit denen wir über Beruf und Karriere sprachen. »In der Schule und an der Uni strengte ich mich an, wollte auf jeden Fall gut abschneiden. Das ist mir auch gelungen, trotzdem bin ich heute der Meinung, dass Frauen es viel schwerer haben als Männer, sich im Berufsleben durchzusetzen. Ich hatte das Gefühl, irgendwas stimmt hier nicht. Aber ich konnte dieses Gefühl nicht richtig einordnen. Ich wusste nicht, was es bedeuten sollte.«

Frauen stehen heute alle Chancen offen. Dennoch ist es für sie weiterhin schwieriger als für Männer, sich im Berufsleben durchzusetzen.

Wir leben, wenn wir der Presse glauben dürfen, im »Jahrhundert der Frauen«. »Das 21. Jahrhundert bietet den Frauen mehr Chancen als je zuvor – immer öfter werden sie die Männer hinter sich lassen«, titelte »Die Woche« (7. Januar 2000). Nach einer neuen Umfrage sehen mehr als ein Viertel aller Befragten die Frauen auf dem Vormarsch. Nur noch 19 Prozent glauben an die Zukunft der Vormachtstellung der Männer im Beruf.

Berufstätigkeit und Kinder: Welchen Hindernissen müssen Frauen sich stellen?

Vielleicht gehören Sie auch zu den Frauen, die meinen, Sie könnten den Spagat zwischen Berufstätigkeit und Kindern schaffen? Sie stehen damit nicht allein: Mehr als die Hälfte aller berufstätigen Frauen haben Kinder. Aber wie diese wissen Sie genau, dass die Nachrichten der Presse zwar für das Selbstbewusstsein der Frauen ganz nett sind, doch die Realität

Wenn Mütter berufstätig sein wollen: Beruf, Nebenjob oder Karriere?

der Frauen in unserer Gesellschaft spiegeln sie leider nicht wider. Einige frauenspezifische Schwierigkeiten behindern (noch) für viele Frauen die Zufriedenheit im Berufsleben und bei der Kindererziehung.

Sie sehen in der Berufstätigkeit von Müttern mit Kindern zwar keinen Widerspruch mehr, aber Sie fühlen sich trotzdem immer noch in einem Dilemma befangen, aus dem Sie nur schwer einen Ausweg finden können. Sie müssen, so glauben Sie, besser als die Männer sein, wenn Sie es im Berufsleben schaffen wollen.

In den neuesten Umfragen zur Ausbildungssituation von Frauen spiegeln sich diese Ansichten wider. Frauen sind besser ausgebildet als je zuvor, haben häufiger als Männer einen Lehrberuf erfolgreich abgeschlossen, stellen mehr als die Hälfte aller Abiturienten eines Jahrgangs und besetzen auch an den Hochschulen mehr als die Hälfte aller Studienplätze. Aber dennoch: trotz dieser guten Voraussetzungen tun die Frauen sich mit der Verbindung von Arbeitsleben und eigenen (hohen) Ansprüchen, die sie glauben erfüllen zu müssen, schwer.

Die Ansprüche der Frauen an sich selbst in Beruf, Haushalt und Familie sind hoch – zu hoch. Noch viel zu oft wollen sie alles »perfekt« machen.

Sie glauben, nicht nur im Beruf voll »ihre Frau« stehen zu müssen, sondern sie setzen auch in den anderen Bereichen ihres Lebens die Latte hoch an, die es zu überspringen gilt. Bei den Kindern, im Haushalt und in der Beziehung, überall wollen Frauen ihr Bestes geben. Sie wollen perfekt sein, gut sein, für alle da sein. Wenn Sie ebenfalls zu diesen Frauen gehören, stehen Sie auch damit nicht allein da: Das Bestreben, für andere da zu sein und seine Aufgaben gut zu machen, zieht sich wie ein roter Faden durch alle Lebensbereiche und Arbeitsbiografien von Frauen.

Doch wie bei den Kindern, im Haushalt, in der Beziehung kommen Sie auch im Berufsleben nicht umhin, Prioritäten zu setzen: Sie können nicht überall gleich gut sein und alles quasi mit links schaffen.

Frauen sind anders: männliche und weibliche Berufsorientierungen im Vergleich

Es wird Sie vielleicht überraschen, aber die meisten weiblichen Eigenschaften, die Frauen verwenden, um im Berufsleben und in der Familie weiterzukommen, sind nicht immer dem förderlich, was sie erreichen wollen. Die erfolgreiche Managementtrainerin Prof. Gertrud Höhler (59) schreibt in ihrem Buch »Spielregeln für Sieger«:

- »Der Mann strebt nach Zielen; die Frau nimmt Ziele genauso wichtig wie die Menschen, die dabei im Spiel sind.«

Während Männer für ihre Ziele alles andere ausblenden können, und ohne links und rechts zu schauen, darauf zu marschieren, achten Frauen eher auf die Rahmenbedingungen ihrer Ziele. Sie wollen, so schreibt Gertrud Höhler »das Ganze des Lebens immer wieder zur Geltung bringen«.

- Männer machen die Firma und ihre Arbeit zu ihrer Welt. Sie blenden alle anderen Bereiche aus. Auch in der Freizeit sind sie Manager. Für Frauen stellt die Arbeit nur einen Aspekt ihres Lebens dar. Die anderen sind für sie ebenso wichtig. Wenn sie zu Hause sind, lassen sie sich ganz auf diesen Bereich ein.
- Bei der Erziehung ihrer Kinder setzen erfolgreiche Männer eher das Dominanzprinzip ein: Sie steuern ihre Kinder auf dem Weg »zum Erfolg«. Frauen orientieren sich eher an den Bedürfnissen ihrer Kinder.

Frauen bringen der Berufstätigkeit eine andere Haltung entgegen als Männer. Nicht immer zu ihrem Vorteil.

Wenn Mütter berufstätig sein wollen: Beruf, Nebenjob oder Karriere?

Für die meisten Männer scheint ihre Erfüllung und Bestimmung im Berufsleben zu liegen, und die Familie (gerade bei Führungskräften) dient nur dazu, ihnen Entspannung und Erholung vom harten Arbeitsalltag zu bieten. Frauen haben den Anspruch, alle diese Felder miteinander zu verbinden.

Die Konkurrenz der Männer

Auch bei Auseinandersetzungen in der Familie und am Arbeitsplatz finden sich Frauen, die trotz Kindern und Familie gerne berufstätig sein möchten, schnell in einer Konkurrenzsituation zu Männern wieder. Denn viele Männer sind gerade in Zeiten hoher Arbeitslosigkeit der Meinung: Frauen, deren Mann berufstätig ist und so gut verdient, dass er die Familie allein ernähren könnte, sollten besser zu Hause bleiben.

In der Familie kann es zu Konflikten mit der männlichen Karriereplanung kommen, wenn eine Frau auf ihrem Recht besteht, ebenfalls berufstätig zu sein. Gerade karriereorientierte Männer sehen Frauen häufig als »Mittel zum Zweck« an. Sie wollen selbst Karriere machen mit Hilfe einer Frau, die »ihnen zu Hause den Rücken freihält«. Die gleichen Männer sehen Frauen an ihrem Arbeitsplatz daher oft auch als »missliebige Konkurrentinnen« an. Frauen, die berufstätig sein wollen, kommen nicht umhin, sich mit solchen Bedingungen am Arbeitsplatz und vielleicht auch in der eigenen Familie auseinander zu setzen.

Erschwerend kommen noch gesellschaftliche Rahmenbedingungen hinzu, die der Berufstätigkeit hinderlich sein können:
- Unzureichende rechtliche Absicherung weiblicher Berufstätigkeit. Der Erziehungsurlaub lastet den Frauen das ganze Arbeitsmarktrisiko auf.

Die Konkurrenz mit den Männern am Arbeitsplatz und selbst in der eigenen Familie stellt ein nicht zu unterschätzendes Hindernis für die Berufstätigkeit von Frauen dar.

- Nur zwei Prozent der Männer nehmen Erziehungsurlaub.
- Steuerliche Benachteiligung von berufstätigen Ehefrauen, denn das Ehegattensplitting bevorzugt besonders die Ehe ohne Kinder und ohne die berufstätige Ehefrau.
- Nur 40 Prozent der Stellenausschreibungen der Führungsberufe sind geschlechtsneutral. 60 Prozent richten sich nur an Männer!
- 60 Prozent der Männer wollen keine Frau als Chef.
- Teilzeitarbeitsplätze sind rar gesät.
- Kinderbetreuungsplätze sind in vielen Gebieten Mangelware.

Der Nebenjob – etwas für Sie?

Haben Sie das Gefühl, Sie müssten etwas unternehmen, um der Tretmühle zu Hause zu entgehen? Wollen Sie endlich wieder einmal etwas aus der Familie herauskommen und ein paar neue Leute kennen lernen? Möchten Sie gerne ein wenig Geld dazuverdienen und trotzdem noch genügend Zeit für Ihre Lieben haben? Sie stöhnen an dieser Stelle auf? Zu schön, um wahr zu sein?

Das muss nicht sein. Es gibt eine ganze Reihe von Nebenjobs, die Ihnen noch genug Zeit für Ihre Familie und sich selbst lassen. Sie können Ihnen eine hübsche Summe einbringen und dazu noch Spaß machen.

Sie sollten auf Ihre Gefühle hören und sich die Zeit nehmen herauszufinden, was Ihnen diese Gefühle sagen wollen: Stellen Sie sich Fragen. Prüfen Sie, wie es Ihnen zu Hause geht. Was wollen Sie wirklich? Die Warnsignale, die Sie empfangen haben, können Ihnen auch einen Hinweis darauf geben, dass

Ein Nebenjob bietet vieles: Sie kommen mal aus dem Haus, lernen neue Leute kennen und verdienen noch etwas Geld dazu.

Wenn Mütter berufstätig sein wollen: Beruf, Nebenjob oder Karriere?

Sie Zeit brauchen. Zeit für sich selbst und die Befriedigung Ihrer eigenen Bedürfnisse.

Möchten Sie neben einer Berufstätigkeit noch genügend Zeit für andere Dinge haben? Ihr Mann verdient genug, Sie sind nicht unbedingt auf eine große Erhöhung Ihres Familieneinkommens angewiesen, aber ein paar Mark mehr könnten Sie gut gebrauchen? Mit einer Nebentätigkeit können Sie sich beide Bedürfnisse erfüllen. Sie verdienen etwas dazu und finden auch noch Zeit für sich selbst.

Vier wichtige Fragen, die Sie vor der Entscheidung für einen Nebenjob klären sollten

Die erste Frage, die Sie sich immer vor der Wiederaufnahme einer jeden Berufstätigkeit stellen sollten: Was macht mir Spaß?

Klären Sie vor einer Entscheidung für einen Nebenjob, wie realistisch Ihre Vorstellungen und Möglichkeiten sind.

Der Alltag ist mit Familie und Kindern schon schwierig genug. Achten Sie also darauf, sich im Berufsleben nicht auch noch einen ungeliebten Job zuzulegen. Wer Spaß an seiner Arbeit hat, bekommt weniger Stress, ist besser gelaunt und kann mehr leisten.

Die zweite Frage lautet: Wo wohnen Sie? Leben Sie in der Nähe einer Stadt oder mittendrin? Oder wohnen Sie ganz idyllisch auf dem Lande? Nebentätigkeiten sind in der Stadt einfacher zu finden als auf dem Land. Aber das heißt nicht, dass es auf dem Land keine Nebentätigkeiten gibt.

Die dritte Frage lautet: Wie viel Zeit kann ich für diese Tätigkeit einsetzen? Dabei sollten Sie auf jeden Fall sehr realistisch vorgehen. Vermeiden Sie unrealistische Wunschvorstellungen, sondern beziehen Sie lieber den An- und Abfahrtsweg und eventuelle Problemzeiten gleich mit ein. Auch hier lautet die

Der Nebenjob – etwas für Sie?

Devise: Weniger träumen, genauer durchkalkulieren! Das kann Ihnen viel Stress ersparen, und Enttäuschungen beugen Sie so auch gleich noch vor.

Die vierte Frage lautet: Was möchte ich mit einer Nebentätigkeit verdienen? Schrauben Sie Ihre Vorstellungen aber bitte nicht unnötig in den Himmel, sondern bleiben Sie auf dem Boden. Die Entscheidung für eine bestimmte Einkommenshöhe kann die Möglichkeiten für einen Nebenjob sehr einschränken!

Konkrete Vorstellungen von Ihrem Nebenjob ersparen Ihnen Enttäuschungen.

Einige Beispiele für Nebenjobs mit Einkommensmöglichkeiten

Vertreterin für Tupperware	bis 1000 DM/Mon.
Telefonrechercheurin	bis zu 25 DM/Std.
Altenbetreuerin	10–20 DM/Std.
Bodenstewardess	15–20 DM/Std.
Fitnesstrainerin	18–22 DM/Std.
Grabpflegerin	(n. Vereinbarung)
Taxifahrerin	(Provision)
Callcenter	15–20 DM/Std.

Diese Liste stellt natürlich nur einen kleinen Ausschnitt Ihrer Möglichkeiten dar. Wenn Sie mehr über die besten Nebenjobs für berufstätige Mütter wissen wollen: Im Heft 2/2000 der Zeitschrift »Familie und Co« finden Sie mehr als 60 lukrative Nebenjobs mit Einkommensmöglichkeiten, Voraussetzungen und Adressen, wohin Sie sich wegen dieser Jobs wenden können.

Wenn Mütter berufstätig sein wollen: Beruf, Nebenjob oder Karriere?

Gut zu wissen (!)

Was haben Sie von einem Nebenjob?
- Sie lernen neue Leute kennen.
- Sie sind insgesamt zufriedener mit sich und Ihrer Arbeit.
- Sie erhöhen Ihr oder das Familieneinkommen.
- Sie versauern nicht zu Hause.
- Sie finden mehr Zeit für sich selbst.
- Im Gegensatz zu einem Vollzeitjob haben Sie mehr Zeit für die Familie.
- Der Nebenjob kann den Übergang zu einem Neueinstieg in den Beruf darstellen.

Profitieren Ihre Kinder von einem Nebenjob?

»Seit meine Mutter wieder etwas arbeiten geht, ist sie viel besser gelaunt«, erzählte uns der zwölfjährige Maik, als wir ihn zu diesem Thema interviewten.

»Wir kommen besser zurecht, seit sie arbeitet. Dann kann sie nicht immer hinter mir herräumen«, äußerte sich Kalle (14), der sich mit seiner Mutter wieder viel besser versteht, seit sie arbeitet.

Kinder sehen die Nebenjobs Ihrer Mütter – wenn auch nicht immer aus uneigennützigen Gründen – meist positiv.

Die meisten Kinder, die wir interviewten, waren sich einig in ihrer Einschätzung der Berufstätigkeit ihrer Mütter. Sie waren auf der einen Seite froh, dem alltäglichen mütterlichen Regiment wenigstens für ein paar Stunden pro Tag entkommen zu sein, und auf der anderen Seite erlebten sie eine Mutter, »die wesentlich ausgeglichener ist als vorher«, sagte Marianne (17). Sie sehen also, nicht nur Sie, auch Ihre Kinder profitieren von einem Nebenjob.

Vollzeitarbeit – könnte das etwas für Sie sein?

»Ich war nach der Geburt von Patricia drei Jahre zu Hause geblieben. Am Anfang hat mir das richtig Spaß gemacht, aber dann wurde ich unruhig. Je länger es dauerte, desto mehr steigerte sich dieses ungute Gefühl. Ich dachte, wenn du noch länger zu Hause bleibst, verlierst du den Anschluss an deinen Job.« Auch bei Manuela begann alles mit einem »unguten Gefühl«. Die 29-jährige Kinderkrankenschwester war mit ihrer Situation zu Hause nicht zufrieden. »Ich konnte mit Kindern gut umgehen. Das hatte ich ja gelernt. Aber ich war, das muss ich zugeben, insgesamt sehr unzufrieden damit. Patricia war ein liebes und ruhiges Kind, machte kaum Arbeit. Ich hatte alles gut organisiert. Es lief. Aber ich war nicht ausgelastet. Von meiner Arbeit her war ich es gewohnt, mit vielen Schwierigkeiten fertig zu werden. Ich sehnte mich geradezu nach mehr Aufregung, wie sie auf unserer Kinderstation im Krankenhaus geherrscht hatte.«

Verpassen Sie den Anschluss im Beruf nicht

Gut ausgebildete Frauen mit gefragten Berufen kennen dieses Gefühl. Sie kommen mit ihrer Situation zu Hause zurecht, aber sie sind nicht zufrieden. Sie spüren, dass das Leben als Mutter nicht alles ist. Sie wollen den Anschluss an das Berufsleben nicht verlieren und suchen nach einiger Zeit nach Möglichkeiten, wieder voll in den Beruf einzusteigen.
Manuela spricht mit ihrem Mann. Sie berichtet ihm von ihren Erfahrungen und bringt auch ihre Gefühle zur Sprache. Manfred (38) kennt seine Frau. Er weiß, dass sie »die Arbeit braucht, wenn sie glücklich sein will«.

Gerade für eine gut ausgebildete Frau ist das Leben als Mutter nicht alles. Zudem darf sie den Anschluss an ihren Beruf nicht verpassen.

Gemeinsam klären die beiden ab, was zu tun ist. Manfred ahnte allerdings, was da auf ihn zukam: »Nun hatte ich nach dem Gespräch mit Manuela selbst auch ein ungutes Gefühl. Aber ich hatte schnell raus, woher das kam. Es würde nun auch auf mich mehr Verantwortung für die Familie zukommen. Wie ich Manuela kannte, würde sie mich bestimmt mit einspannen. Und so kam es auch.«

Wichtig: Werden Sie sich zuerst über Ihre Gefühle klar

Bevor Sie Ihrem Partner Ihre Empfindungen mitteilen, sollten Sie sich etwas Zeit nehmen und genau klären, was diese Gefühle für Sie bedeuten und welche Schlüsse Sie daraus für Ihre eigene und die Zukunft Ihres Kindes ziehen wollen. Solch weit reichende Konsequenzen wie ein Wiedereinstieg in den Beruf wollen gut überlegt sein!

Der Wiedereinstieg in den Beruf will gut überlegt sein. Nehmen Sie sich die Zeit, die Sie brauchen.

Achtung ⚠

Nehmen Sie sich ausreichend Zeit, um sich über Ihre Gefühle klar zu werden:
- Sorgen Sie dafür, dass Sie etwas Zeit für sich haben, um über alles genau nachdenken zu können.
- Lassen Sie die gesamte Situation auf sich wirken: Was empfinden Sie, wenn Sie sich darauf einlassen?
- Bleiben Sie ruhig eine Zeit lang bei diesen Empfindungen.
- Kosten Sie diese Gefühle aus.
- Lassen Sie in Ihrem Gedächtnis Bilder aufsteigen, die diese Gefühle ausdrücken können.

Vollzeitarbeit – könnte das etwas für Sie sein?

Nehmen Sie sich ein paar Tage Zeit, bevor Sie weitere Schritte einleiten. Warten Sie, bis die Gefühle sich etwas gesetzt und geklärt haben. Schlafen Sie darüber und bleiben Sie bei dem Gefühl. Es werden, wenn Sie sich genügend Zeit dabei lassen, immer mehr Ideen und Gedanken auftauchen, die die ganze Sache betreffen. Vielleicht nehmen Sie sogar ein Heft und schreiben sich alles auf.

Besprechen Sie Ihre Gefühle und Gedanken mit dem Partner

Nach ein paar Tagen empfinden Sie auf einmal das Gefühl, jetzt habe ich es. Jetzt kann ich das und das tun. Nun ist es so weit, den nächsten Schritt zu gehen und die noch unklaren Empfindungen einer Realitätsprüfung zu unterziehen. Schreiben Sie alles auf, ordnen Sie es und prüfen Sie verschiedene Möglichkeiten durch. Diese Phase der Reflexion, des Durchspielens, können Sie noch allein machen. Aber wenn Sie so weit sind, sollten Sie beginnen, mit Ihrem Partner darüber zu sprechen. Doch Achtung: Erst wenn Sie sich sicher sind, wenn Sie wissen, was Sie wollen, sollten Sie damit nach außen gehen. Erst dann. Sind Sie noch unsicher, warten Sie noch ein wenig damit.

Wenn Sie sich sicher sind, dass Sie zu den Frauen gehören, die gerne nach einer gewissen Zeit der Babypause wieder in den Beruf zurückwollen, dann reden Sie mit Ihrem Partner darüber. Achten Sie darauf, seine Argumente zu würdigen, und schreiben Sie sie sich am besten auf, um später noch einmal darüber nachdenken zu können. An dieser Stelle ist es wichtig, nicht in Aktionismus zu verfallen. Sie haben Zeit. Eine solch wichtige Entscheidung, die viele Konsequenzen nach

Wenn Sie sich Ihrer eigenen Gefühle und Gedanken sicher sind, suchen Sie das Gespräch mit Ihrem Partner.

103

Wenn Mütter berufstätig sein wollen: Beruf, Nebenjob oder Karriere?

sich ziehen kann, sollte gut bedacht werden. Nutzen Sie die Kompetenzen Ihres Partners, um Ihren Plan auf eine solide Basis zu stellen.

Sammeln Sie nun die Pro- und Contra-Argumente. Bedenken Sie dabei auch, was nun alles an zusätzlichen Problemen auf Sie zukommen kann. Aber denken Sie auch daran, Sie werden nun mehr Zeit für sich, aber weniger Zeit für das Kind haben. Allerdings muss das kein Nachteil sein: Mütter, die berufstätig sind, sind besser organisiert, weil sie sich auf das Wesentliche konzentrieren müssen.

Was haben Sie von einer Vollzeitarbeit?

Eine Vollzeitarbeit hat nicht nur Nachteile. Ihre Familie kann davon sehr profitieren.

- Ihre Familie wird mehr in die Hausarbeit einbezogen (Mann und Kinder helfen mit).
- Sie müssen sich gut organisieren.
- Ihr Einkommen macht Sie unabhängig.
- Sie sind Ihren Kindern ein gutes Vorbild.
- Ihr Selbstbewusstsein steigt.
- Sie behalten den Anschluss in Ihrem Beruf.

Profitieren Ihre Kinder von einer Vollzeitarbeit?

Die meisten Nur-Hausfrauen und Vollzeitmütter glauben, dass in Vollzeit berufstätige Mütter ihre Kinder vernachlässigen würden. Dabei jedoch handelt es sich um ein Vorurteil. Amerikanische Wissenschaftler haben erst kürzlich die Ergebnisse einer Langzeitstudie veröffentlicht, und diese hat ergeben, dass Kinder von berufstätigen Müttern nicht schlechter erzogen sind als solche von Vollzeitmüttern. Die Wissenschaftler verglichen über viele Jahre hinweg die Auswirkungen der Erziehung von berufstätigen und nicht berufstätigen Müttern miteinander. Fazit der Studie: Ob berufstätig oder nicht, auf die Entwicklung der Kinder hatte das keinen Einfluss. Kinder aus beiden Gruppen waren gesund, intelligent und gut erzogen.

Auch bei unseren Interviews fanden wir heraus: Mütter, die den ganzen Tag einer Arbeit nachgehen, sind keine schlechteren Mütter als solche, die den ganzen Tag für die Kinder da sind. Im Gegenteil: Berufstätige Frauen sind gerade wegen des Zeitmangels auf das Wesentliche in der Kindererziehung konzentriert. Sie laufen nicht Gefahr, ihre Kinder zu verwöhnen und sie so zu unselbstständigen, anspruchsvollen Konsumkids zu erziehen.

Berufstätige Frauen sind allerdings auf die Mithilfe ihrer Familie angewiesen. Das gemeinsame Bewältigen der Aufgaben stärkt den Zusammenhalt der Familie und kann, trotz aller Schwierigkeiten, die damit verbunden sein können, die Familie fest zusammenschweißen. Jeder spürt, dass er etwas zum Gelingen dieser Aufgabe beitragen kann.

Gerade berufstätige Mütter konzentrieren sich in der Kindererziehung auf das Wesentliche – schon aus Zeitmangel.

Die Aussagen der Kinder von berufstätigen Müttern sprechen eine deutliche Sprache

»Meine Mutter stellt etwas im Beruf dar, die hängt nicht den ganzen Tag zu Hause rum und kommandiert uns!« Melanie (14)

»Auch wenn ich nun selbst mehr im Haushalt machen muss, bin ich doch dafür.« Birgit (12)

»Mama leitet eine Firma, das möchte ich später auch einmal tun. Das finde ich toll.« Sabine (18)

Wenn Mütter berufstätig sein wollen: Beruf, Nebenjob oder Karriere?

»Meine Mutter ist zwar berufstätig, hat nicht so viel Zeit, aber wenn ich etwas von ihr will, ist sie für mich da.« Peter (15)
»Ich finde es ganz gut, dass sie arbeitet. Seitdem steht sie nicht dauernd bei den Schularbeiten hinter mir und triezt mich.« Andreas (8)

Karriere im Beruf – worauf sollten Sie achten?

Die Karriereplanung stellt für eine Frau mit Kindern eine große Herausforderung dar.

Wir haben uns dieses Kapitel ganz bis zum Schluss aufgehoben, weil es den schwierigsten Schritt darstellt, den eine Frau und Mutter gehen kann. Wer sich bis hierher durchgekämpft hat, ist dafür allerdings nun auch gut vorbereitet. Denn wer sich als berufstätige Mutter entscheidet, nicht nur berufstätig zu sein, sondern auch noch Karriere zu machen, muss sich auf eine ganze Reihe von Schwierigkeiten einstellen – die zwar zu lösen sind, die aber auch nicht unterschätzt werden sollten.

»Als die Kleine geboren wurde, habe ich mich mit meinem Mann zusammengesetzt. Wir hatten beide studiert, hatten in etwa die gleichen Voraussetzungen. Aber wir waren uns auch im Klaren darüber, dass meine Berufstätigkeit, meine berufliche Karriere nun durch die Geburt meiner Tochter einen kleinen Knick bekommen würde. Daher beschlossen wir, er macht zuerst was, dann ziehe ich nach.« Die 26-jährige Psychologin Judith steckte zunächst zurück, was die berufliche Karriere anging. »Aber mir war schon damals klar, ich

Karriere im Beruf – worauf sollten Sie achten?

werde auf keinen Fall als Hausmütterchen verkümmern. Ich wollte mehr, auch wenn es schwierig werden würde.«

Judiths Mann Michael (29) arbeitete damals in einer Maschinenfabrik als Geschäftsführer. Er verdiente gut. »Als Judith sagte, sie wolle es im Beruf zu etwas bringen, gab es erst einmal Streit. Aber nach einer Weile musste ich – wenn ich mit ihr zusammenbleiben wollte – einsehen, dass sie genauso wie ich ein Recht auf eine eigenständige berufliche Karriere hatte.« In der Folgezeit verzichtete Michael auf seine Karriere, er steckte zurück, um seiner Frau eine solche auch zu ermöglichen. »Allerdings nur, bis unsere Tochter groß genug ist, dass ich mich auch wieder voll ins Arbeitsleben stürzen kann.«

Viele Frauen, die sich trotz Mutterschaft entschließen, ihre berufliche Karriere weiter zu verfolgen, sind sich der Risiken eines solchen Schrittes, aber auch seiner Chancen oftmals noch nicht bewusst. Das muss aber kein Hindernis sein, sondern sollte dazu dienen, genauer abzuwägen.

Für eine Frau mit Kind ist die Karriere ohne eine Unterstützung der Familie nicht denkbar.

> **Unser Rat an alle Frauen, die sich noch unsicher sind, ob sie eine Karriere wagen sollten:**
> – Lassen Sie sich Zeit. Je besser Sie sich alles überlegen, desto besser sind Sie vorbereitet.
> – Respektieren Sie Ihre Gefühle zu diesem Thema: Wie geht es Ihnen damit? Welche Gefühle treten auf? Was können sie bedeuten?
> – Unternehmen Sie erst dann konkrete Schritte, wenn Sie sich ganz sicher sind, diesen Schritt in die Karriere zu wollen.

(!) Tipp

Wenn Mütter berufstätig sein wollen: Beruf, Nebenjob oder Karriere?

Allein kann Frau keine Karriere machen

Hinter jedem erfolgreichen Mann steht eine Frau, die ihm den Rücken freihält. Dieser Satz kann umgedreht auch die Situation einer beruflich erfolgreichen Frau beschreiben: Hinter jeder erfolgreichen Frau steht ein Mann, der ihr den Rücken freihält.

Wenn Sie die Absicht haben, als Mutter im Beruf Karriere zu machen, sollten Sie dabei bedenken, dass eine solche Karriere viele Helfer braucht:

- Ihr Mann sollte Ihre Pläne unterstützen.
- Ihre Kinder sollten aus dem Gröbsten raus sein.
- Ihre Familie unterstützt Ihre Absichten.
- Sie brauchen ein funktionierendes Frauennetzwerk.
- Sie sollten sich über die Chancen und Risiken eines solchen Schrittes genau im Klaren sein.

Persönliche Voraussetzungen einer Karrierefrau mit Kind

Neben den beruflichen Qualifikationen gibt es für Karrierefrauen noch ein paar zusätzliche Hürden.

Die beruflichen Qualifikationen wollen wir an dieser Stelle nicht weiter vertiefen, weil sie zum einen in jedem Berufsfeld anders sind und zum anderen in der Regel die gleichen Voraussetzungen wie bei Männern gelten. Aber im Unterschied zu den Männern, die sich für eine Karriere entscheiden, müssen Frauen, die Kinder haben und dennoch Karriere machen wollen, einige zusätzliche Punkte beachten.

Die wenigen Führungspositionen, die Frauen inzwischen in der Arbeitswelt einnehmen, sind immer noch dünn gesät. In Deutschland kommt in den Spitzenpositionen in der Wirtschaft nur auf jede achte Stelle eine Frau. Und sieht man sich diese wenigen Frauen etwas genauer an, stellt sich schnell heraus:

- Sie sind entweder noch sehr jung (und kinderlos).

- Sie sind schon etwas älter (und die Kinder groß).
- Sie leben meistens mit einem Mann zusammen, der auf eine eigene Karriere verzichtet hat.
- Nur ganz wenige Frauen in Spitzenpositionen in Wirtschaft und Politik leben mit Kindern und einem Mann zusammen, der ebenfalls eine eigene berufliche Karriere verfolgt.

Fragen Sie sich, ob Sie zu einer dieser Gruppen gehören? Können Sie die Voraussetzungen dafür schaffen?

Bringen Sie genügend Durchhaltevermögen mit?

Berufliche Karrieren fallen bekanntlich nur im Märchen vom Himmel. Auf dem Boden der Realität müssen Frauen sie sich mühsam erarbeiten. Dazu ist neben einer guten Schulbildung und einer vernünftigen Ausbildung auch ein gerüttelt Maß an Durchhaltevermögen vonnöten. Können Sie sich vorstellen, auch dann, wenn Sie Probleme mit den Kindern, in der Partnerschaft oder »bloß« im Haushalt bekommen, den nötigen Biss aufzubringen, um diese Krisen durchzustehen?

Nur wer das Durchhaltevermögen hat und Krisen bewältigen kann, hat eine Chance auf dem Weg in die berufliche Karriere.

»Am Anfang war ich froh, dass unsere Tochter so ein pflegeleichtes Kind war und dass mein Mann mich unterstützte. Doch nach einiger Zeit stellte sich heraus, dass er sehr darunter litt, dass ich nun Karriere machte, während er beruflich zurückstecken musste. Seine Arbeitskollegen nahmen ihn auf die Schippe, und das ging ihm sehr an die Nieren. Und ich? Ich bekam prompt Schuldgefühle und fragte mich allen Ernstes, ob ich nicht besser doch zu Hause geblieben wäre.«

Wie Sie berufliche Karriere und Kindererziehung vereinbaren

Bevor Sie sich für eine konkrete berufliche Karriere entscheiden, sollten Sie verschiedene Szenarien durchspielen, die Ihnen helfen, Kindererziehung und Berufsplanung unter einen Hut zu bringen. Werden Sie sich genau darüber klar, was Sie persönlich wollen und wie Sie es erreichen können. Dabei kommt es vor allem darauf an, das Alter Ihrer Kinder bei der Planung zu berücksichtigen.

– Beispiel eins: Die Babypause

Die meisten Mütter überlegen schon während der Schwangerschaft, ob und wie sie berufstätig werden oder sein können. Viele Mütter unterbrechen (zwangsläufig) ihre Berufstätigkeit, um sich in dieser für das Kind wichtigen Zeit ausschließlich um das Kind kümmern zu können. Die wichtigste Frage vieler Mütter: Wie lange muss ich zu Hause bleiben, damit mein Kind die notwendige Beziehung zu mir aufbauen kann und genügend Urvertrauen bildet?

Lassen Sie sich bei der Beantwortung dieser Frage keine Vorschriften von besser wissenden Menschen machen. Versuchen Sie, je nach den persönlichen Voraussetzungen des Kindes in Verbindung mit Ihren eigenen Plänen, herauszufinden, was gut für Sie und für Ihr Kind ist!

Wie lange die Babypause für Sie dauert, bestimmen nur Sie und Ihr Kind.

Es gibt Kinder, die sind schon nach einigen Monaten sehr selbstständig und zutraulich und können ohne weiteres für einige Stunden am Tag einer zuverlässigen Bezugsperson anvertraut werden. Dieses kann eine Tagesmutter ebenso sein wie eine der Großmütter, wenn sie dafür zur Verfügung steht. Andere Kinder brauchen länger, machen vielleicht auch Schwierigkeiten, wenn Sie längere Zeit nicht da sind. Niemand kann Ihnen hier etwas raten. Sie müssen es für sich selbst und Ihr Kind herausfinden. Vertrauen Sie dabei auf Ihren Mutterinstinkt. Bedenken Sie aber: Er ist nicht nur angeboren, sondern setzt sich aus angeborenen Instinkten und erworbener Lebenserfahrung zusammen. Erst beides zusammen macht Ihre Intuition aus, genau zu wissen, was für Sie und das Kind richtig ist.

- **Beispiel zwei: Längere Auszeit für das Kind?**

Wenn Sie sich dafür entscheiden wollen, vielleicht sogar zwei oder drei Jahre zu Hause zu bleiben, sollten Sie sich – je nachdem, in welcher Branche Sie beruflich tätig sind – vorher schon vergewissern, wie Sie den Anschluss an den Fortschritt in Ihrem Beruf halten können. Suchen Sie frühzeitig nach einer Möglichkeit, Kontakte zu Ihrer Firma zu halten, vielleicht sogar kleinere Aufträge in dieser Zeit zu übernehmen (Bildschirmarbeit, Internet usw.).

Wollen Sie erst nach einer längeren Auszeit wieder berufstätig werden? Dann verpassen Sie den Anschluss in Ihrem Beruf nicht.

Wenn das aus irgendwelchen Gründen nicht geht, versuchen Sie sich anderweitig weiterzubilden, um den Anschluss nicht zu verlieren (Volkshochschulen, Fachzeitschriften, Kurse des Arbeitsamtes usw.) Auch hier gilt: Sie sollten sich zwar bei anderen informieren, aber sich dennoch nicht in Ihre Pläne hineinreden lassen. Wer sollte denn besser als Sie selbst wissen, was für Sie und Ihr Kind am besten ist.

- **Beispiel drei: Stellen Sie Ihre Bedürfnisse und Wünsche nie gänzlich zurück, schieben Sie sie allerhöchstens auf**

Gehören Sie zu den Menschen, die noch unsicher sind, was sie momentan am besten tun sollten, so denken Sie immer daran: Wer sich nur zurückstellt und auf alles verzichtet, ist ein schlechtes Vorbild für seine Kinder. Die selbstlose Mutter, die für Ihr Kind auf die eigene Karriere verzichtet, wird auf Dauer unzufrieden und unglücklich sein und den verlorenen Chancen in der Jugend hinterhertrauern. Und die Erfahrungen von Eltern, die das taten, haben gezeigt, dass die Kinder es Ihnen später nicht danken! Im Gegenteil: Sie werfen Ihnen vielleicht sogar noch vor, nicht genügend an sich selbst gedacht zu haben!

Wenn Mütter berufstätig sein wollen: Beruf, Nebenjob oder Karriere?

- **Beispiel vier: Berufstätig erst, wenn die Kinder groß sind**
Diese Vorgehensweise ist bei vielen Müttern weit verbreitet. Sie führt in der Regel aber dazu, dass diese Frauen meist den Anschluss in ihrem Beruf verlieren. Ihre spätere Berufstätigkeit beginnen sie nicht selten in einem Beruf weit unterhalb ihrer Möglichkeiten. Auch hier kann die Folge sein: Frust und Trauer um die verpassten Chancen. Von vielen älteren Frauen, die wir für unser Buch interviewten, hörten wir den Satz: »Hätte ich damals bloß!«

So können Sie Ihre beruflichen Karrierepläne verwirklichen:

Nur wenn Sie sich ganz bewusst mit Ihren Karriereplänen auseinander setzen, lassen sich diese auch umsetzen.

- Nehmen Sie sich Zeit, um in Ruhe über alles nachzudenken. Machen Sie an einem freien Wochenende allein lange Spaziergänge und spielen Sie verschiedene Möglichkeiten durch.
- Schreiben Sie die verschiedenen Varianten auf. Achten Sie dabei bitte darauf, so konkret wie möglich zu formulieren, und vermeiden Sie allgemeine Formulierungen.
- Lassen Sie ein paar Tage ins Land gehen. Dann nehmen Sie sich Ihre Aufzeichnungen wieder vor. Wenn Ihnen dazu noch etwas einfällt, notieren Sie es ebenfalls und ergänzen Sie Ihre Aufzeichnungen entsprechend.
- Suchen Sie sich eine ruhige Ecke, setzen Sie sich entspannt hin und schließen Sie die Augen. Atmen Sie einige Zeit tief durch und versuchen Sie dann, regelmäßig und bewusst auf die Atemzüge achtend weiter zu atmen.
- Stellen Sie sich nun vor, wie Sie auch mit Kind erfolgreich berufstätig sind und Karriere machen. Achten Sie auf die Gefühle, die nun in Ihnen auftauchen. Was für Gefühle sind das? Geben Sie ihnen einen Namen.

Karriere im Beruf – worauf sollten Sie achten?

- Nach einer Weile öffnen Sie wieder die Augen und notieren sich Ihre Gefühle auf einem Zettel: Sind Sie, wenn Sie diese Worte für die Gefühle betrachten, nun eher zuversichtlich und ermutigt, oder überwiegt eher Ablehnung und Widerstand gegen Ihre Pläne?
- Je nachdem, wie das Ergebnis Ihrer Gefühlsschau ausgefallen ist, können Sie nun weitere praktische Schritte einleiten: Haben Sie durchgängig angenehme Gefühle mit der beabsichtigten Berufstätigkeit verbunden, dann können Sie nun weitere, konkrete Maßnahmen ergreifen. Haben Sie aber eher unangenehme, warnende Gefühle erhalten, dann sollten Sie diese ernst nehmen und in der Folgezeit versuchen herauszufinden, was diese für Sie bedeuten könnten.

Erst nachdem Sie sich selbst darüber klar geworden sind, was Sie wollen, können Sie mit Ihrem Partner darüber sprechen und ihn mit einbeziehen. Unternehmen Sie diesen Schritt jedoch zu früh, weil Sie selbst nicht sicher sind und sich von diesem Gespräch Anregung und Klärung erhoffen, dann laufen Sie Gefahr, sich beeinflussen zu lassen, und zwar von den Wünschen und Bedürfnissen Ihres Partners.

Ein Paradebeispiel: Professor Dr. Rita Süssmuth

Viele bekannte Frauen haben eine eigene berufliche Karriere verfolgt und haben dabei selbstständige, selbstbewusste Kinder erzogen, die dem Leben heute die Stirn bieten können und stolz auf ihre Mutter sind: Ein Beispiel dafür ist die ehemalige Bundestagspräsidentin und Ministerin der CDU, Prof. Dr. Rita Süssmuth. Bevor sie ihre zweite Karriere in der Politik startete, war sie schon Professorin an einer Hochschule. Sie hat während ihrer Universitätskarriere ihre Kinder großgezogen.

Rita Süssmuth ist der lebende Beweis dafür, dass es tatsächlich klappen kann.

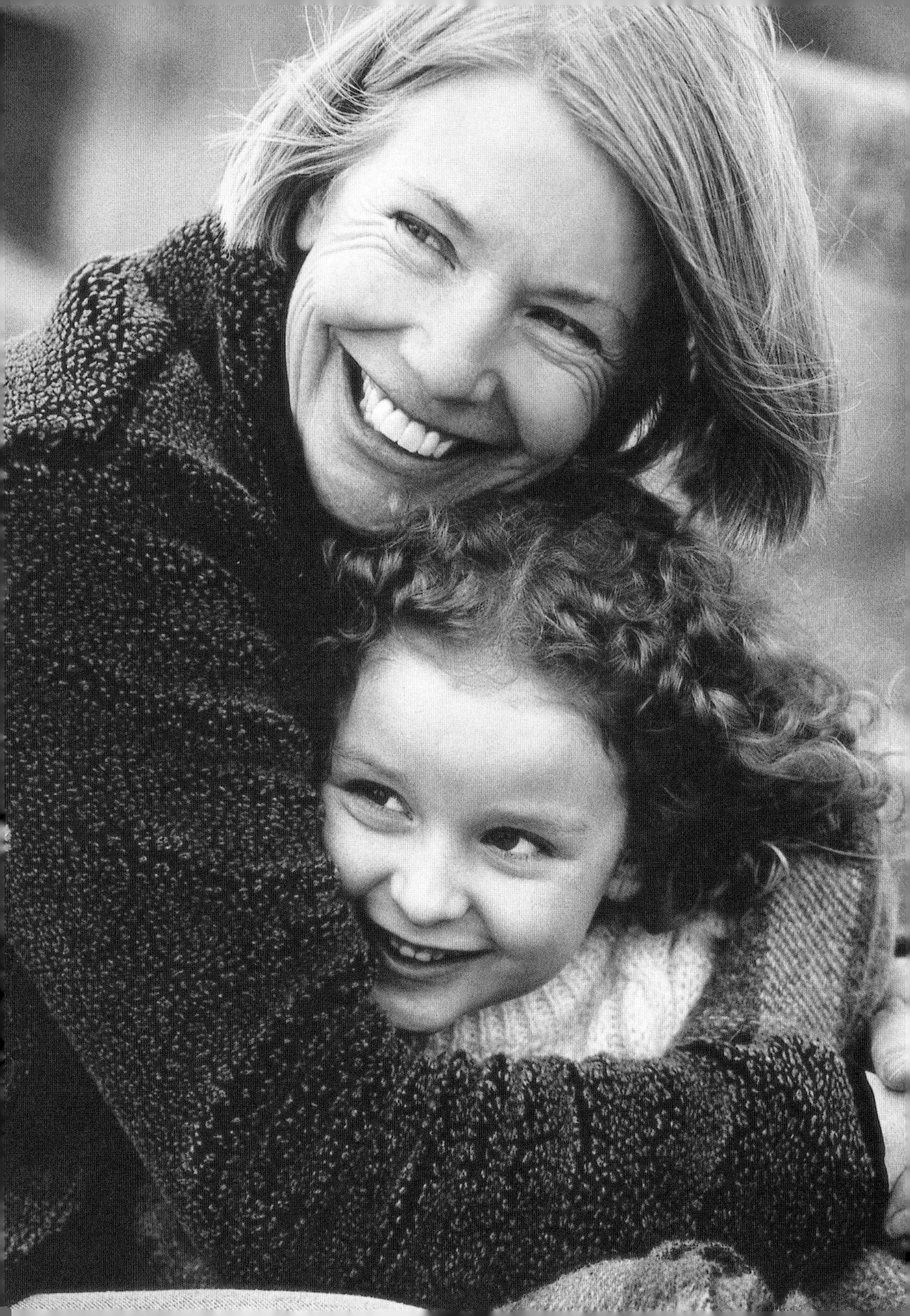

Tipps für die allein erziehende Mutter – was ist bei ihr anders?

Tipps für die allein erziehende Mutter – was ist bei ihr anders?

Wenn Sie eine allein erziehende Mutter sind, werden Sie vielleicht unser Buch gleich an dieser Stelle aufgeschlagen und die anderen Kapitel wehmütig überschlagen haben. Vielleicht dachten Sie: »Ich wäre im Moment fast froh, wenn ich diese Probleme hätte, die die anderen Mütter da haben. Im Gegensatz zu ihnen haben Sie eine ganze Reihe von Schwierigkeiten, die den anderen Müttern in dieser Form fremd sind.

Alles auf einmal? – Der Alltag der allein erziehenden Mutter mit Kind

Wer das Alleinerziehen nicht von vornherein als problematisch betrachtet, kann auch Vorteile erkennen.

Allein erziehen ist aber nicht nur von Schwierigkeiten geprägt, es kann auch Vorteile bieten:
- Während viele Frauen sich über das Verhalten ihrer Männer in der Kindererziehung, im Haushalt, in der Partnerschaft und bei der Berufstätigkeit ärgern, sind Sie nur sich selbst und Ihrem Kind verantwortlich.
- Zugegeben, eine sehr schwierige Situation, aber auch eine Chance, die eigenen Vorstellungen unbeeinflusst von einem Mann zu verwirklichen.
- Ein ganz wichtiger Punkt ist: Da Sie auf die Hilfe eines Mannes im Haushalt und bei den anderen Arbeiten verzichten müssen, kann Ihr Kind schon sehr frühzeitig lernen, dass es Ihnen helfen muss, damit Sie alle anfallenden Arbeiten

bewältigen. Was auf den ersten Blick vielleicht als Mangel erscheint, kann auf den zweiten Blick ein Vorteil sein. Ihr Kind lernt auf diese Weise, selbstständig zu werden. Ihr Kind kann bereits – das haben Untersuchungen ergeben – vieles von dem, was seine Altersgenossen noch nicht können.

Eine ganze Reihe Schwierigkeiten allein erziehender Mütter ähneln denen der anderen Frauen. Wie Sie mit Ihrem Kind bei bestimmten Übergangsproblemen vom Säuglingsalter bis zum Teenager umgehen, wird z. B. zum großen Teil von den gleichen Faktoren bestimmt wie bei den anderen Müttern. Einige Probleme sind aber auch anders. Dabei stehen vor allem zwei Faktoren im Vordergrund:

- Die Trennung will von Mutter und Kind verarbeitet sein (unabhängig davon, ob Ihr Mann verstorben ist oder Sie sich von ihm getrennt haben).
- Der Alltag muss mit all seinen Schwierigkeiten allein bewältigt und akzeptiert werden.

Viele Schwierigkeiten Alleinerziehender unterscheiden sich nicht von denen anderer Frauen.

Trennung und Scheidung – wie Mutter und Kind damit umgehen können

»Als mein Mann mich verließ und mich mit meiner Tochter allein ließ, dachte ich erst, für mich bricht eine Welt zusammen. Ich musste mich neu orientieren, es kamen Dinge auf mich zu, die ich vorher nie bedacht hatte. Aber ich merkte auch, in einigen Bereichen war es genauso wie vorher, denn die hatte ich vorher auch schon allein bewältigt.«

So wie Angela (26) müssen sich in Deutschland mehr als zweieinhalb Millionen allein erziehende Mütter und Väter von

Tipps für die allein erziehende Mutter – was ist bei ihr anders?

einem Tag auf den anderen mit neuen und alten Problemen herumschlagen.

Vieles davon ist z. B. in der Kindererziehung nicht wesentlich anders, als wir es schon in den vorangegangenen Kapiteln beschrieben haben. Ob und wie Sie stillen, wie Sie mit einem trotzigen Kind umgehen können oder wann und wie Sie mit Ihrem Kind Schulaufgaben machen, all das konnten Sie schon nachlesen. Aber einige Schwierigkeiten sind eben auch anders. Und auf die möchten wir hier hinweisen.

Der fehlende Mann muss kein Nachteil sein

»Ich merkte nach ein paar Monaten, dass ich mich zum Teil mit den gleichen Dingen befassen musste wie vorher. Mein Exmann hatte sich nämlich um diese Dinge auch nicht gekümmert, als er da war.«

Wenn die allein erziehende Frau mit einem Mann zusammengelebt hat, der sich aus allem heraushielt und der seine Frau alles machen ließ, wird die Lücke an dieser Stelle nicht so groß erscheinen.

Auch Kinder von allein erziehenden Müttern haben Väter

Kinder haben immer einen Vater, auch wenn die Eltern sich als Paar getrennt haben.

Bei allem Ärger und bei aller Trauer, die eine allein erziehende Mutter zu bewältigen hat, sollte sie nicht vergessen, dass in den meisten Fällen der Vater ja noch da ist, auch wenn er vielleicht nicht mehr in der Familie lebt.

Kinder brauchen beide Elternteile, und Paare bleiben auch dann Eltern, wenn sie sich trennen. Eine wichtige Aufgabe der allein erziehenden Mutter (und auch des Vaters, der sich getrennt hat) besteht darin, den Kontakt zu den Kindern zu regeln.

So helfen Sie Ihrem Kind über die Trennung

Die Jahre nach einer Trennung sind erfahrungsgemäß schwere Jahre. Vieles braucht Zeit, Kraft, Mut und Energie. Aber auch eine veränderte Einstellung. Die Gefühle der Mutter, die Art, wie sie die Trennung verarbeitet, sind die eine Seite. Die Gefühle des Kindes die andere.

Ihr Kind hat erlebt, wie Ihre Beziehung in die Brüche gegangen ist. Sein Vertrauen in verlässliche Bindungen ist damit erschüttert. Es hat Angst, noch einmal verlassen zu werden, und reagiert darauf vielleicht mit Weinerlichkeit oder Aufsässigkeit. Es braucht nun viel Sicherheit und das Wissen, dass es sich wenigstens auf Sie verlassen kann.

Die Trennung der Eltern erschüttert das Vertrauen des Kindes in verlässliche Bindungen.

- Regelmäßige Tagesabläufe mit festen Mustern können helfen, Sicherheit zu vermitteln.
- Führen Sie einige Rituale ein, z. B. feste Zeiten, wann das Kind zu Ihnen ins Bett darf.
- Schaffen Sie sich und dem Kind kleine Oasen der Ruhe, die dem Erzählen, dem Zuhören oder dem Kuscheln dienen.

Sie bleiben beide Eltern

Eltern bleiben auch dann Eltern, wenn sie als Paar auseinander gegangen sind. Werden Sie sich klar darüber, dass Ihr Kind ein Recht auf seinen Vater hat, auch wenn die Trennung für Sie noch so schmerzhaft gewesen ist.

Reden Sie dem Kind den Vater nicht aus: Sie sollten vermeiden, das Kind in Loyalitätskonflikte zu bringen. Auch wenn Ihnen vieles nicht gefällt, was Ihr Expartner tut, halten Sie das Kind da raus. Wenn Ihr Kind nach einem Besuch beim Vater sagt: »Das durfte ich bei Papa aber!«, dann antworten Sie lediglich: »Das ist Papas Sache. Ich mache das anders!«

Tipps für die allein erziehende Mutter – was ist bei ihr anders?

Versuchen Sie, Paar- und Elternebene zu trennen: Auch wenn es Ihnen sehr schwer fällt, aber Ihre partnerschaftlichen Probleme sollten nicht über das Kind ausgetragen werden, selbst dann nicht, wenn Ihr Expartner dies vielleicht versucht. Bleiben Sie bei Ihrer Linie, dann brauchen Sie sich in dieser Hinsicht nicht auch noch Schuldgefühle zu machen.

Sie brauchen nicht so zu tun, als ob alles in Ordnung sei: Viele Mütter meinen, sie müssten Ihrem Kind eine »heile Welt« vorspielen, jetzt wo der Partner weg ist. Das ist ein Irrglaube. Kinder merken sehr wohl, was passiert ist, und dass verschiedene Dinge nun anders sind als vorher. Je besser Sie sich und das Kind mit der neuen Realität und Lebenssituation anfreunden, desto besser wird es Ihnen gelingen, die damit verbundenen Probleme zu bewältigen.

Je konkreter Sie mit Ihrem Kind über die neue Lebenssituation nach der Trennung sprechen, desto besser kann es mit den Problemen fertig werden.

Versuchen Sie zwischen Vater und Kind einen regelmäßigen Besuchskontakt aufzubauen: In vielen Fällen sind Väter einsichtig, was ihre Vaterrolle betrifft. Sie bemühen sich trotz der Trennung, ihrem Kind Vater zu bleiben und die Vaterrolle, so gut es geht, auszuüben. In manchen Fällen sieht es damit leider nicht so gut aus. Aber gerade wenn es zu Beginn nicht so gut klappt, gilt auch hier: Lassen Sie sich, dem Vater und dem Kind etwas Zeit, um mit dieser für alle Seiten schwierigen Situation fertig zu werden.

Achtung ❗ Eine Ausnahme: Wenn Sie glauben, Ihrem Kind droht durch den Vater körperliche oder seelische Schädigung, dann sollten Sie den Kontakt abbrechen.

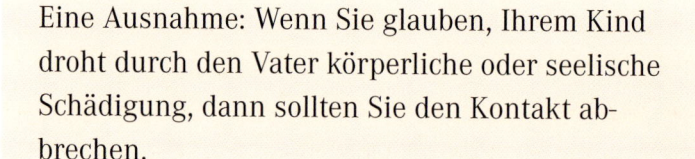

Wie Sie selbst und Ihr Kind Schuldgefühle abbauen

Je mehr in Ihrer Familie über die Trennung geschwiegen wird, desto mehr Raum geben Sie den Phantasien des Kindes. Je kleiner Ihr Kind ist, desto weniger kann es zwischen Fantasie und Realität unterscheiden und sich selbst von den dadurch entstehenden Ängsten befreien.

Reden Sie mit Ihrem Kind darüber, wie es zu der Trennung kam. Seien Sie dabei so ehrlich wie möglich und sprechen Sie vor allem altersangemessen mit Ihrem Kind. Ihr Kind wird dabei spüren, dass Sie es ernst nehmen! Sätze wie z. B.: »Du bist ja jetzt schon groß, also können wir darüber reden« machen Ihr Kind stolz.

Kinder glauben oft, sie seien schuld an der Trennung

Helfen Sie sich und Ihrem Kind, indem Sie die realistischen, wahren Gründe für die Trennung anführen. Dabei hilft es auch, wenn Sie Ihren eigenen Anteil an der Trennung darstellen. Und manchmal waren auch die Umstände schuld. Das schafft Entlastung und Raum für Gespräche über die vergangene Beziehung. Auf jeden Fall aber sollten Sie Ihrem Kind vermitteln, dass es keinerlei Schuld an der Trennung trifft.

Kinder sollten unbedingt die Gründe für eine Trennung erfahren. Sonst reden sie sich selbst Schuldgefühle ein.

Helfen Sie Ihrem Kind auch, Schamgefühle zu überwinden. Viele Kinder, die in den Kindergarten oder die Schule gehen, schämen sich dafür, dass sie keinen Papa mehr haben. In der ersten Zeit nach der Trennung ist das völlig normal. Je mehr Zeit aber ins Land geht, desto mehr spielt sich der Alltag ein, und Sie und das Kind gewöhnen sich an die neue Situation. Auch hier gilt: Reden, reden, reden! Je mehr Sie mit Ihrem Kind über solche Sachen reden, desto besser und schneller wird es mit dem Verlust leben können. Vermitteln Sie Ihrem

Tipps für die allein erziehende Mutter – was ist bei ihr anders?

Kind: Es ist jetzt normal, dass Sie beide allein leben. Und sagen Sie ihm: »Es gibt im Kindergarten und in deiner Klasse noch mehr Kinder, bei denen das so ist. Du und ich, wir sind damit nicht allein!«

Der Haushalt der Alleinerziehenden – Überforderungen vermeiden

»Die Hausarbeit war etwas, dass mir große Probleme bereitete. Ich ging morgens aus dem Haus, war ärgerlich, nicht alles geschafft zu haben, und dachte mit Grausen daran, abends zurückzukommen.«
Die meisten allein erziehenden Mütter lernen allerdings sehr schnell, oft im Gegensatz zu den Frauen, die in einer Partnerschaft leben, dass sie andere Prioritäten setzen müssen. Da sie oft nicht über genügend Barmittel verfügen, fällt die Alternative, eine Haushaltshilfe einzustellen, weg. Und die Großeltern können auch nicht ständig als unbezahlte Haushaltshilfen eingespannt werden. Also müssen sie sich nach anderen Möglichkeiten umsehen, die nichts kosten und ähnlich aussehen könnten wie bei anderen Müttern auch.

Die Dinge lockerer sehen: Man muss auch mal was liegen lassen können

Der Perfektionismus, den manche Frauen bei der Bewältigung ihrer Hausarbeit an den Tag legen, ist auch bei allein erziehenden Frauen weit verbreitet. Aber er hat bei ihnen oftmals noch andere Gründe als bei Frauen mit Partnern. Allein erziehende Frauen stehen oftmals zu den anderen Müttern in

Auch allein erziehende Mütter huldigen allzu oft einem Perfektionismus, den niemand leisten kann.

Konkurrenz, wollen beweisen, dass sie es trotz der Trennung schaffen, ihren Kindern und sich selbst eine »ordentliche, saubere Wohnung« zu bieten. Doch der anstrengende Alltag fordert dann bald seinen Tribut. Sie können nicht alles schaffen, und der Perfektionismus bleibt bald auf der Strecke.

Fragen Sie sich: Muss ich in Konkurrenz zu den anderen Müttern treten? Kann ich alles allein so gut schaffen, dass es bei mir glänzt und blitzt? Auch allein erziehende Frauen brauchen nicht perfekt zu sein. Sie haben (noch mehr als andere) das Recht, auch einmal etwas liegen zu lassen.

Man muss nicht immer mehr tun, um mehr zu erreichen. Es kann im Haushalt auch helfen, bestimmte Dinge sofort wegzuräumen, um später nicht so viel zu tun zu haben. Das fängt beim Frühstück an und hört beim Abendbrot auf. Überlegen Sie, wo Sie durch Organisation Zeit einsparen können:

Gute Organisation im Haushalt hilft viel Zeit sparen.

- Essenszubereitung: Es muss nicht alles frisch sein, auch Tiefkühlkost ist gesund. Sie enthält oft mehr Vitamine als gekochtes, frisches Gemüse.
- Abwasch: Wenn er gleich erledigt wird, dauert es nicht so lange, als wenn Sie immer alles ansammeln.
- Einkaufs- und Wegplanung: Wie oft müssen Sie in die Stadt? Können Sie die Fahrten reduzieren und auf einen bestimmten Tag konzentrieren?

Spannen Sie Ihre Kinder mit ein

Solange die Kinder klein sind, werden sie Ihnen noch nicht sehr viel helfen können. Aber unterstützen Sie alle Bemühungen Ihrer Kinder, Ihnen etwas Arbeit abzunehmen. Auch wenn es vielleicht zu Beginn noch nicht so gut klappt. Die Kinder werden größer und ihre Arbeit wird besser.

Tipps für die allein erziehende Mutter – was ist bei ihr anders?

Leiten Sie sie so früh wie möglich an, Ihnen im Haushalt zu helfen. Später werden sie es Ihnen danken. Denn sie werden sehr selbstständig sein und nicht auf ihre Mutter angewiesen. Setzen Sie sich mit Ihrem Kind zusammen und sprechen Sie mit ihm darüber, wie Sie sich die Verteilung der Aufgaben im Haushalt vorstellen. Es schadet nichts, wenn Sie ihnen sagen: »Mama ist auf deine Mithilfe angewiesen.«

Ein neuer Partner? – Worauf allein erziehende Mütter achten sollten

Wenn die ersten, schwierigen Zeiten für Sie vorbei sind, kommt nicht selten der Wunsch nach einer neuen Partnerschaft auf. Sie sehnen sich vielleicht nach einem Mann, der Ihnen helfen kann, die Trennung zu vergessen und einen Neuanfang zu wagen. Aber Vorsicht: Gerade allein erziehende Mütter sollten dabei auf ein paar Punkte achten.

Lassen Sie sich und dem Kind genug Zeit, ehe Sie eine neue Partnerschaft eingehen. Stellen Sie sich vorher die folgenden Fragen:
- Haben Sie Ihre alte Beziehung abgeschlossen und verarbeitet?
- Wollen Sie einfach nicht mehr allein sein?
- Hat Ihr Kind die Trennung verarbeitet?

Ein solcher Schritt will gut überlegt sein. Denn in vielen Fällen ist es so, dass zwar schnell ein neuer Partner gefunden ist, es aber nach einiger Zeit wieder zu Problemen kommt. Nicht selten hängen diese mit Ihrem Status als allein erziehende, inzwischen sehr selbstbewusst und selbstständig geworden

Eine neue Partnerschaft betrifft nicht nur die Frau, sondern auch das Kind. Daran müssen allein erziehende Mütter denken.

Frau zusammen. Nicht alle Männer können damit umgehen. Und was sich zunächst als gute Wahl herausstellte, entpuppt sich dann nicht selten als Flop.

Wichtige Aspekte bei der Partnerwahl für die allein erziehende Mutter
- Trauen Sie Ihrem neuen Partner zu, für Sie und das Kind da zu sein? (Gerade bei jungen Männern ein großes Problem.)
- Ist er wirklich ungebunden? (Viele Männer, die ganz gut zu Ihnen passen würden, sind nicht frei, wie sich manchmal leider erst zu spät herausstellt.)

Wichtige Aspekte bei der Partnerwahl für das Kind
- Akzeptiert Ihr Kind den neuen Partner?
- Kümmert er sich ausreichend um das Kind?
- Ist er verlässlich?

Neue Chancen im Beruf – Vollzeit, Teilzeit oder gar nicht?

Für viele Frauen, die allein erziehend sind, stellt sich die Frage, ob sie gerne berufstätig sind und eventuell sogar eine berufliche Karriere anstreben, in dieser Form gar nicht. Sie müssen, meist aus finanziellen Gründen, ohnehin arbeiten, um die Existenz der verkleinerten Familie zu sichern. Dennoch will die Art und der Umfang der Berufstätigkeit gut überlegt sein. Die Frage, ob die Kinder von allein erziehenden, berufstätigen Müttern durch die Berufstätigkeit der Mutter benachteiligt sind, wurde übrigens so noch nicht aufgeworfen. Während das

Berufstätigkeit von Müttern will immer gut überlegt sein – auch wenn aus finanziellen Gründen gar keine andere Wahl bleibt.

Tipps für die allein erziehende Mutter – was ist bei ihr anders?

bei Frauen in Partnerschaften allgemein disktutiert wird, hält das bei allein erziehenden Müttern jeder für normal. Nach dem Motto: Die können ja ohnehin nicht anders.

Doch bei genauer Betrachtung des Sachverhaltes ist es ähnlich. Auch bei einer allein erziehenden Mutter sind die Kinder während der Berufstätigkeit der Mutter im Kindergarten oder in der Schule. Schwieriger wird es nur, wenn der Kindergarten geschlossen ist oder Schulferien sind. Anders als die Frauen in Partnerschaften müssen allein erziehende Mütter für diese Fälle besser gerüstet sein. Sie können weniger auf einen Mann zurückgreifen, der hier auch mal einspringt.

Können allein erziehende Frauen Berufstätigkeit und Kindererziehung vereinbaren?

Anders als bei verheirateten Müttern ist die allein erziehende Frau in ihrer Wahl der Berufstätigkeit durch das Alter der Kinder beeinflusst. Hier geht es nicht um die Frage: Soll ich mein Kind überhaupt allein lassen, sondern darum, ab wann kann ich mein Kind allein lassen?

Wir haben schon im Kapitel über die Kindererziehung gesagt, dass diese Frage jede Mutter für sich selbst entscheiden sollte, ohne sich von anderen hineinreden zu lassen. Das sehen wir auch bei allein erziehenden Müttern so. Allerdings sollte die allein erziehende Mutter sich sehr genau überlegen, ob für sie nicht doch ein sehr früher Einstieg in eine Berufstätigkeit möglich ist. Es gibt heute bereits Gruppen für Krabbelkinder. Wir haben übrigens unsere Kinder auch schon im zarten Alter in eine Krabbelgruppe gegeben. Und aus ihnen sind durchsetzungsfähige, selbstbewusste Menschen geworden, die sich sehr wohl gut entwickelt haben.

Auch aus Kindern, die bereits früh in die Krabbelgruppe gehen, werden selbstbewusste Menschen. Das ermöglicht der Alleinerziehenden den baldigen Einstieg in die Berufstätigkeit.

Sachregister

Aggression 47 ff., 52, 58
allein erziehende Mütter (Frauen) 13 f., 42, 115 -126
Alltag 8, 10, 15, 22 f., 25 f., 36, 64, 78 ff., 86, 92, 98, 116, 121, 123
Ängste 44, 46
Anschluss im Beruf 101f., 112
Arbeitsteilung in der Beziehung 81
Arbeitsteilung in der Partnerschaft 65 ff., 81
Arbeitsteilung mit Kindern 72-75
Ausbildungssituation von Frauen 94
Ausgabenplanung 84
Auszeit für das Kind 111

Babypause 103, 110 f.
Belastungsgrenze 72 f.
berufliche Karriere und Kindererziehung 109 ff.
Berufsorientierungen 95 f.
Berufstätigkeit allein erziehender Mütter 125 f.
Berufstätigkeit und Kindererziehung 8-15, 93 ff.
Beziehung 77-89
Beziehungspflege 78 f.
Bezugspersonen 38, 110

Egoismus, gesunder 81 f.
Erfahrungswissen 23
Erziehungsballast, alter 71
Erziehungsprobleme 12

Familieneinkommen 78, 82, 98
Familienglück 25
Flaschenkinder 21 f.
Freiräume 15, 31, 53 ff., 64, 88
Freizeit 78 ff.
Frustration 25, 37, 68

Gefühle, die eigenen 10 f., 22 f., 26 f., 53, 82, 87, 92, 97, 102 ff.
Geld 82-85
Gewissen, schlechtes 32, 42, 47
Grenzen setzen 36 f.

Haushalt 13, 63-75
Haushalt der Alleinerziehenden 122 ff.
Haushaltshilfe 74 f.

Ich-Aussagen 87
Internalisierung 71

Karriere 14, 91 f., 106 -113
Karrierepläne verwirklichen 112 f.
Kind, das rebellische 32 ff.
Kinder, selbstständige 11, 31, 54, 73
Kindererziehung 9, 12, 17-61, 92, 118
Kinderfrau 38 ff.
Kindergarten 39, 41-51, 121, 126
Kindergarten als Sozialisationsinstanz 43
Konkurrenz der Männer 96 f.

Lebenserfahrung 11
Liebe und Leidenschaft 78, 85-89
Loyalitätskonflikt 119

Mithilfe der Familie 105, 108
Mithilfe im Haushalt 65 f., 74 f.
Mütter (Frauen), berufstätige 9, 19 ff., 33, 35 f., 39-42, 47, 64-69, 71, 84, 91-114
Mutterinstinkt 10 f., 17-61, 110

Nähe und Distanz 38
Nebenjob 14, 91 f., 97-100
Nebenjobs mit Einkommensmöglichkeiten 99
neue Sichtweise von Erziehungsproblemen 12, 30 ff.
neuer Umgang mit Geld 85
Nur-Hausfrauen 83, 104

Ordnung und Sauberkeit 50 f., 70 f.

Partner, ein neuer 124 f.
Partnerschaft, gleichberechtigte 82 f.
Perfektionsanspruch 9, 11, 13, 29, 49, 53, 70 f., 92, 94, 122 f.
Phasen der Pubertät 57 f.
Pubertät 55-61, 70
Puppenspiele 40 f., 46, 66 f.
Putzfrau 50, 70 f., 74

Rabenmutter 15, 32, 36, 38, 42, 47
Rhythmus, eigener 27 f.
Rhythmus, zirkadianer 27
Rollen der Geschlechter 66 f.

Säuglinge, schreiende 24 ff.
Schularbeiten 51 ff., 118
Schuldgefühle 10, 38, 46, 75, 120 f.
Schule 51-55, 121, 126
Schwierigkeiten allein erziehender Mütter 117
Schwierigkeiten im Kindergarten 47-49
Selbstbewusstsein des Kindes 45
Selbstständigkeit 31, 33, 38-51, 54 f.

Sexualität 78, 86 f.
Sorge um sich selbst 14, 31
Sozialisationserfahrungen 66 f.
Spagat, der tägliche 8, 10, 93
Stillen 19 ff., 118
Stress 8, 10 f., 22, 45, 51, 88, 99

Teilzeitmütter 42
Trennung und Scheidung 117–122
Trotzalter 34 ff.
Trotzreaktion 32, 34 ff.

Übergangsobjekte 38 f.
Übergangsphänomene 13, 19, 44 f., 48, 59 f., 117
Übergangsschwierigkeiten in den Kindergarten 43–46
Umgang mit pubertierenden Jugendlichen 60 f.
Umsetzen von Wünschen in Realität 69
Ursachen von Aggressionen 47 f.
Urvertrauen 44, 110

Väter von Kindern allein erziehender Mütter 118 ff.
Vollzeitarbeit 14, 92, 101–106
Vollzeitmütter 36, 42, 83, 104
Vorteile des Alleinerziehens 116 f.

Wach-Schlaf-Rhythmus 27
Warnzeichen 10, 23, 97
Weggehen und Wiederkommen 39 f., 44
Widerspruch Wunsch/Realität 29, 65 f.

Zeit für sich selbst 11, 63–75

Wichtiger Hinweis

Die im Buch veröffentlichten Ratschläge wurden mit größter Sorgfalt von den Verfassern und dem Verlag erarbeitet und geprüft. Eine Garantie kann jedoch nicht übernommen werden. Ebenso ist eine Haftung der Verfasser bzw. des Verlages und seiner Beauftragten für Personen-, Sach- oder Vermögensschäden ausgeschlossen.

Bildnachweis

Umschlagfoto: IFA-Bilderteam/Jacques Alexandre
Fotos: Bavaria/VCL S. 6, 16; gettyone Stone/Uwe Krejci S. 76; IFA-Bilderteam/IT/tpl S. 114; Mauritius/AGE S. 90; zefa/Index Stock S. 62.

Impressum

Die Deutsche Bibliothek – CIP-Einheitsaufnahme

Ein Titeldatensatz für diese Publikation ist bei Der Deutschen Bibliothek erhältlich.

Midena Verlag, München
© 2000 Weltbild Ratgeber Verlage GmbH & Co. KG

Das Werk einschließlich aller seiner Teile ist urheberrechtlich geschützt. Jede Verwertung außerhalb des Urhebergesetzes ist ohne Zustimmung des Verlages unzulässig und strafbar. Das gilt insbesondere für Vervielfältigungen, Übersetzungen, Mikroverfilmungen und die Einspeicherung und Verarbeitung in elektronischen Systemen.
Bei der Anwendung in Beratungsgesprächen, im Unterricht und in Kursen ist auf dieses Buch hinzuweisen.

Projektleitung: Carina Janßen
Redaktion: Britta Mümmler, München
Herstellung: Gabriele Schnitzlein
Bildredaktion: Doris Huber
Umschlagkonzeption: Kaselow Design, München
Layout: Lea Sophie Bischoff und Amir Sufi, München
Satz: Filmsatz Schröter GmbH, München
Reproduktion: Typework, Augsburg
Printed in Germany

ISBN 3-310-00674-3